POÉSIES

DE

SULLY PRUDHOMME

POÉSIES

DE

SULLY PRUDHOMME
1872 - 1878

Les Vaines Tendresses. — La France.
La Révolte des Fleurs. — Poésies diverses.
Les Destins. — Le Zénith.

PARIS
ALPHONSE LEMERRE, ÉDITEUR
27-31, PASSAGE CHOISEUL, 27-31

LES VAINES
TENDRESSES

LES
VAINES TENDRESSES

AUX AMIS INCONNUS

Ces vers, je les dédie aux amis inconnus,
A vous, les étrangers en qui je sens des proches,
Rivaux de ceux que j'aime et qui m'aiment le plus,
Frères envers qui seuls mon cœur est sans reproches
Et dont les cœurs au mien sont librement venus.

Comme on voit les ramiers sevrés de leurs volières
Rapporter sans faillir, par les cieux infinis,

Un cher message aux mains qui leur sont familières,
Nos poèmes parfois nous reviennent bénis,
Chauds d'un accueil lointain d'âmes hospitalières.

Et quel triomphe alors! quelle félicité
Orgueilleuse, mais tendre et pure, nous inonde,
Quand répond à nos voix leur écho suscité,
Par delà le vulgaire, en l'invisible monde
Où les fiers et les doux se sont fait leur cité!

Et nous la méritons, cette ivresse suprême,
Car si l'humanité tolère encor nos chants,
C'est que notre élégie est son propre poème,
Et que seuls nous savons, sur des rhythmes touchants,
En lui parlant de nous lui parler d'elle-même.

Parfois un vers, complice intime, vient rouvrir
Quelque plaie où le feu désire qu'on l'attise;
Parfois un mot, le nom de ce qui fait souffrir,
Tombe comme une larme à la place précise
Où le cœur méconnu l'attendait pour guérir.

Peut-être un de mes vers est-il venu vous rendre
Dans un éclair brûlant vos chagrins tout entiers,

Ou, par le seul vrai mot qui se faisait attendre,
Vous ai-je dit le nom de ce que vous sentiez,
Sans vous nommer les yeux où j'avais dû l'apprendre.

Vous qui n'aurez cherché dans mon propre tourment
Que la sainte beauté de la douleur humaine,
Qui, pour la profondeur de mes soupirs m'aimant,
Sans avoir à descendre où j'ai conçu ma peine,
Les aurez entendus dans le ciel seulement ;

Vous qui m'aurez donné le pardon sans le blâme,
N'ayant connu mes torts que par mon repentir,
Mes terrestres amours que par leur pure flamme,
Pour qui je me fais juste et noble sans mentir,
Dans un rêve où la vie est plus conforme à l'âme !

Chers passants, ne prenez de moi-même qu'un peu,
Le peu qui vous a plu parce qu'il vous ressemble ;
Mais de nous rencontrer ne formons point le vœu :
Le vrai de l'amitié, c'est de sentir ensemble ;
Le reste en est fragile, épargnons-nous l'adieu.

PRIÈRE

Ah! si vous saviez comme on pleure
De vivre seul et sans foyers,
Quelquefois devant ma demeure
    Vous passeriez.

Si vous saviez ce que fait naître
Dans l'âme triste un pur regard,
Vous regarderiez ma fenêtre
    Comme au hasard.

Si vous saviez quel baume apporte
Au cœur la présence d'un cœur,
Vous vous assoiriez sous ma porte
    Comme une sœur.

Si vous saviez que je vous aime,
Surtout si vous saviez comment,
Vous entreriez peut-être même
    Tout simplement.

CONSEIL

Jeune fille, crois-moi, s'il en est temps encore,
Choisis un fiancé joyeux, à l'œil vivant,
    Au pas ferme, à la voix sonore,
        Qui n'aille pas rêvant.

Sois généreuse, épargne aux cœurs de se méprendre.
Au tien même, imprudente, épargne des regrets,
    N'en captive pas un trop tendre,
        Tu t'en repentirais.

La nature t'a faite indocile et rieuse,
Crains une âme où la tienne apprendrait le souci,
    La tendresse est trop sérieuse,
        Trop exigeante aussi.

Un compagnon rêveur attristerait ta vie,
Tu sentirais toujours son ombre à ton côté
  Maudire la rumeur d'envie
   Où marche ta beauté.

Si, mauvais oiseleur, de ses caresses frêles
Il abaissait sur toi le délicat réseau,
  Comme d'un seul petit coup d'ailes
   S'affranchirait l'oiseau !

Et tu ne peux savoir tout le bonheur que broie
D'un caprice enfantin le vol brusque et distrait,
  Quand il arrache au cœur la proie
   Que la lèvre effleurait ;

Quand l'extase, pareille à ces bulles ténues
Qu'un souffle patient et peureux allégea,
  S'évanouit si près des nues
   Qui s'y miraient déjà.

Sois généreuse, épargne à des songeurs crédules
Ta grâce, et de tes yeux les appels décevants :
  Ils chercheraient des crépuscules
   Dans ces soleils levants ;

Il leur faut une amie à s'attendrir facile,
Souple à leurs vains soupirs comme aux vents le roseau,
    Dont le cœur leur soit un asile
      Et les bras un berceau,

Douce, infiniment douce, indulgente aux chimères,
Inépuisable en soins calmants ou réchauffants,
    Soins muets comme en ont les mères,
      Car ce sont des enfants.

Il leur faut pour témoin, dans les heures d'étude,
Une âme qu'autour d'eux ils sentent se poser,
    Il leur faut une solitude
      Où voltige un baiser.

Jeune fille, crois-m'en, cherche qui te ressemble,
Ils sont graves ceux-là, ne choisis aucun d'eux ;
    Vous seriez malheureux ensemble
      Bien qu'innocents tous deux.

AU BORD DE L'EAU

S'asseoir tous deux au bord d'un flot qui passe,
    Le voir passer ;
Tous deux, s'il glisse un nuage en l'espace,
    Le voir glisser ;
A l'horizon, s'il fume un toit de chaume,
    Le voir fumer ;
Aux alentours si quelque fleur embaume,
    S'en embaumer ;
Si quelque fruit, où les abeilles goûtent,
    Tente, y goûter ;
Si quelque oiseau, dans les bois qui l'écoutent,
    Chante, écouter...
Entendre au pied du saule où l'eau murmure
    L'eau murmurer ;

Ne pas sentir, tant que ce rêve dure,
　　　Le temps durer;
Mais n'apportant de passion profonde
　　　Qu'à s'adorer,
Sans nul souci des querelles du monde,
　　　Les ignorer;
Et seuls, heureux devant tout ce qui lasse,
　　　Sans se lasser,
Sentir l'amour, devant tout ce qui passe,
　　　Ne point passer!

EN VOYAGE

Je partais pour un long voyage.
En wagon, tapi dans mon coin,
J'écoutais fuir l'aigu sillage
Du sifflet dans la nuit au loin ;

Je goûtais la vague indolence,
L'état obscur et somnolent,
Où fait tomber sans qu'on y pense
Le train qui bourdonne en roulant ;

Et je ne m'apercevais guère,
Indifférent de bonne foi,
Qu'une jeune fille et sa mère
Faisaient route à côté de moi.

Elles se parlaient à voix basse :
C'était comme un bruit de frisson,
Le bruit qu'on entend quand on passe
Près d'un nid le long d'un buisson ;

Et bientôt elles se blottirent,
Leurs fronts l'un vers l'autre penchés,
Comme deux gouttes d'eau s'attirent
Dès que les bords se sont touchés ;

Puis, joue à joue, avec tendresse
Elles se firent toutes deux
Un oreiller de leur caresse,
Sous la lampe aux rayons laiteux.

L'enfant sur le bras de ma stalle
Avait laissé poser sa main,
Qui reflétait comme une opale
La moiteur d'un jour incertain ;

Une main de seize ans à peine :
La manchette l'ombrait un peu ;
L'azur d'une petite veine
La nuançait comme un fil bleu ;

Elle pendait molle et dormante,
Et je ne sais si mon regard
Pressentit qu'elle était charmante
Ou la rencontra par hasard,

Mais je m'étais tourné vers elle,
Sollicité sans le savoir :
On dirait que la grâce appelle
Avant même qu'on l'ait pu voir.

« Heureux, me dis-je, le touriste
Que cette main-là guiderait ! »
Et ce songe me rendait triste :
Un vœu n'éclôt que d'un regret.

Cependant glissaient les campagnes
Sous les fougueux rouleaux de fer,
Et le profil noir des montagnes
Ondulait ainsi qu'une mer.

Force étrange de la rencontre !
Le cœur le moins prime-sautier,
D'un lambeau d'azur qui se montre,
Improvise un ciel tout entier :

Une enfant dort, une étrangère,
Dont la main paraît à demi,
Et ce peu d'elle me suggère
Un vœu de bonheur infini !

Je la rêve, inconnue encore,
Sur ce peu de réalité,
Belle de tout ce que j'ignore
Et du possible illimité...

Je rêve qu'une main si blanche,
D'un si confiant abandon,
Ne peut être que sûre et franche
Et se donnerait tout de bon.

Bienheureux l'homme qu'au passage
Cette main fine enchaînerait !
Calme à jamais, à jamais sage...
— Vitry ! cinq minutes d'arrêt !

A ces mots criés sur la voie,
Le couple d'anges s'éveilla,
Battit des ailes avec joie,
Et disparut. Je restai là :

Cette enfant qu'un autre eût suivie,
Je me la laissais enlever.
Un voyage! telle est la vie
Pour ceux qui n'osent que rêver.

SONNET

A LA PETITE SUZANNE D...

En ces temps où le cœur éclôt pour s'avilir,
Où des races le sang fatigué dégénère,
Tu nous épargneras, Suzanne, enfant prospère,
De voir en toi la fleur du genre humain pâlir.

Deux artistes puissants sont jaloux d'embellir
En toi l'âme immortelle et l'argile éphémère :
Le dieu de la nature et celui de ta mère ;
L'un travaille à t'orner, et l'autre à t'ennoblir.

L'enfant de Bethléem façonne à sa caresse
Ta grâce, où cependant des enfants de la Grèce
Sourit encore aux yeux le modèle invaincu.

Et par cette alliance ingénument profonde,
Dans une même femme auront un jour vécu
L'un et l'autre Idéal qui divisent le monde.

ENFANTILLAGE

Madame, vous étiez petite,
J'avais douze ans ;
Vous oubliez vos courtisans
Bien vite !

Je ne voyais que vous au jeu
Parmi les autres ;
Mes doigts frôlaient parfois les vôtres
Un peu...

Comme à la première visite
Faite au rosier,
Le papillon sans appuyer
Palpite,

Et de feuille en feuille, hésitant,
S'approche, et n'ose
Monter droit au miel que la rose
Lui tend,

Tremblant de ses premières fièvres,
Mon cœur n'osait
Voler droit des doigts qu'il baisait
Aux lèvres.

Je sentais en moi tour à tour
Plaisir et peine,
Un mélange d'aise et de gêne :
L'amour.

L'amour à douze ans ! Oui, madame,
Et vous aussi,
N'aviez-vous pas quelque souci
De femme ?

Vous faisiez beaucoup d'embarras,
Très occupée
De votre robe, une poupée
Au bras.

Si j'adorais, trop tôt poëte,
Vos petits pieds,
Trop tôt belle, vous me courbiez
La tête.

Nous menâmes si bien, un soir,
Le badinage,
Que nous nous mîmes en ménage,
Pour voir.

Vous parliez des bijoux de noces,
Moi du serment,
Car nous étions différemment
Précoces.

On fit la dinette, on dansa;
Vous prétendîtes
Qu'il n'est noces proprement dites
Sans ça.

Vous goûtiez la plaisanterie
Tant que bientôt
J'osai vous appeler tout haut :
Chérie,

Et je vous ai (car je rêvais)
Baisé la joue ;
Depuis ce soir-là je ne joue
Jamais.

AUX TUILERIES

Tu les feras pleurer, enfant belle et chérie,
    Tous ces bambins, hommes futurs,
Qui plus tard suspendront leur jeune rêverie
    Aux cils câlins de tes yeux purs.

Ils aiment de ta voix la roulade sonore,
    Mais plus tard ils sentiront mieux
Ce qu'ils peuvent à peine y discerner encore,
    Le timbre au charme impérieux ;

Ils touchent, sans jamais en sentir de brûlure,
    Tes boucles pleines de rayons,
Dont l'or fait ressembler ta fauve chevelure
    A celle des petits lions.

Ils ne devinent pas, aux jeux où tu te mêles,
    Qu'en leur jetant au cou tes bras,
Rieuse, indifférente, et douce, tu décèles
    Tout le mal que tu leur feras.

Tu t'exerces déjà, quand tu crois que tu joues,
    En leur abandonnant ton front;
Tes lèvres ont déjà, plus faites que tes joues,
    La grâce dont ils souffriront.

FORT EN THÈME

Vous aviez l'âge où flotte encore
La double natte sur le dos,
Mais où l'enfant qu'elle décore
Sent le prix de pareils fardeaux;

L'âge où l'œil déjà nous évite,
Quand, sous des vêtements moins courts.
Devant sa mère, droit et vite,
On va tous les matins au cours;

Où déjà l'on pince les lèvres
Au tutoiement d'un grand garçon,
Lasse un peu des tendresses mièvres
Pour la poupée au cœur de son.

Alors mon idéal suprême
N'était pas l'inouï bonheur,
En aimant, d'être aimé moi-même,
Mais d'en mourir avec honneur,

De vous arracher votre estime
Sous les tenailles des bourreaux,
Dans un martyre magnanime,
Car les enfants sont des héros !

Si les enfants ont l'air timide,
C'est qu'ils n'osent que soupirer,
Se sentant le cœur intrépide,
Mais trop humble pour espérer.

Comme un page épris d'une reine,
Je n'avais d'autre ambition
Que de ramasser dans l'arène
Votre gant aux pieds d'un lion !

Mais une demoiselle sage
Ne laisse pas traîner son gant.
Le vôtre, un jour, sur mon passage
Échappa de vos doigts pourtant.

Oh! ce fut bien involontaire!
Mais j'en frémis. Comment laisser
Sous vos yeux votre gant par terre,
Quand je n'avais qu'à me baisser?

C'était au parloir du collège,
Pas un lion sur mon chemin.
— « Allons, courage! » me disais-je,
Le devoir me poussait la main;

Mais mon trouble demandait grâce
Au défi de ce gant perdu,
Et c'est le dernier de ma classe,
Madame, qui vous l'a rendu.

L'AMOUR MATERNEL

A MAURICE CHEVRIER

Fait d'héroïsme et de clémence,
Présent toujours au moindre appel,
Qui de nous peut dire où commence,
Où finit l'amour maternel ?

Il n'attend pas qu'on le mérite,
Il plane en deuil sur les ingrats;
Lorsque le père déshérite,
La mère laisse ouverts ses bras ;

Son crédule dévoûment reste
Quand les plus vrais nous ont menti,
Si téméraire et si modeste
Qu'il s'ignore et n'est pas senti.

Pour nous suivre il monte ou s'abîme,
A nos revers toujours égal,
Ou *si profond ou si sublime*
Que, sans maître, il est sans rival :

Est-il de retraite plus douce
Qu'un sein de mère, et quel abri
Recueille avec moins de secousse
Un cœur fragile endolori ?

Quel est l'ami qui sans colère
Se voit pour d'autres négligé ?
Qu'on méconnaît sans lui déplaire,
Si bon qu'il n'en soit qu'affligé ?

Quel *ami dans un précipice*
Nous joint sans espoir de retour,
Et ne sent quelque sacrifice
Où la mère ne sent qu'amour ?

Lequel n'espère un avantage
Des échanges de l'amitié ?
Que de fois la mère partage
Et ne garde pas sa moitié !

O mère, unique Danaïde
Dont le zèle soit sans déclin,
Et qui, sans maudire le vide,
Y penche un grand cœur toujours plein !

L'ÉPOUSÉE

Elle est fragile à caresser,
L'Épousée au front diaphane,
Lis pur qu'un rien ternit et fane,
Lis tendre qu'un rien peut froisser,
Que nul homme ne peut presser,
Sans remords, sur son cœur profane.

La main digne de l'approcher
N'est pas la main rude qui brise
L'innocence qu'elle a surprise
Et se fait jeu d'effaroucher,
Mais la main qui semble toucher
Au blanc voile comme une brise;

La lèvre qui la doit baiser
N'est pas la lèvre véhémente,
Effroi d'une novice amante
Qui veut le respect pour oser,
Mais celle qui se vient poser
Comme une ombre d'abeille errante.

Et les bras faits pour l'embrasser
Ne sont pas les bras dont l'étreinte
Laisse une impérieuse empreinte
Au corps qu'ils aiment à lasser,
Mais ceux qui savent l'enlacer
Comme une onde où l'on dort sans crainte.

L'hymen doit la discipliner
Sans lire sur son front un blâme,
Et les prémices qu'il réclame
Les faire à son cœur deviner :
Elle est fleur, il doit l'incliner,
La chérir sans lui troubler l'âme.

DISTRACTION

A mon insu j'ai dit : « ma chère »
Pour « madame », et, parti du cœur,
Ce nom m'a fait d'une étrangère
    Une sœur.

Quand la femme est tendre, pour elle
Le seul vrai gage de l'amour,
C'est la constance naturelle,
    Non la cour ;

Ce n'est pas le mot qu'on hasarde,
Et qu'on sauve s'il s'est trompé,
C'est le mot simple, par mégarde
    Échappé...

Ce n'est pas le mot qui soupire,
Mendiant drapé d'un linceul,
C'est ce qu'on dit comme on respire,
  Pour soi seul.

Ce n'est pas non plus de se taire,
Taire est encor mentir un peu ;
C'est la parole involontaire,
  Non l'aveu.

A mon insu j'ai dit : « ma chère »
Pour « madame », et, parti du cœur,
Ce nom m'a fait d'une étrangère
  Une sœur.

INVITATION A LA VALSE

Sonnet

C'était une amitié simple et pourtant secrète :
J'avais sur sa parure un fraternel pouvoir,
Et quand au seuil d'un bal nous nous trouvions le soir,
J'aimais à l'arrêter devant moi toute prête.

Elle abattait sa jupe en renversant la tête,
Et consultait mes yeux comme un dernier miroir,
Puis elle me glissait un furtif : « Au revoir ! »
Et belle, en souveraine, elle entrait dans la fête.

Je l'y suivais bientôt. Sur un signe connu,
Parmi les mendiants que sa malice affame,
Je m'avançais vers elle, et modeste, ingénu :

« Vous m'avez accordé cette valse, madame ? »
J'avais l'air de prier n'importe quelle femme,
Elle me disait : « Oui, » comme au premier venu.

CE QUI DURE

Le présent se fait vide et triste,
O mon amie, autour de nous;
Combien peu du passé subsiste!
Et ceux qui restent changent tous.

Nous ne voyons plus sans envie
Les yeux de vingt ans resplendir;
Et combien sont déjà sans vie
Des yeux qui nous ont vu grandir!

Que de jeunesse emporte l'heure,
Qui n'en rapporte jamais rien!
Pourtant quelque chose demeure :
Je t'aime avec mon cœur ancien,

Mon vrai cœur, celui qui s'attache
Et souffre depuis qu'il est né,
Mon cœur d'enfant, le cœur sans tache
Que ma mère m'avait donné ;

Ce cœur où plus rien ne pénètre,
D'où plus rien désormais ne sort ;
Je t'aime avec ce que mon être
A de plus fort contre la mort ;

Et, s'il peut braver la mort même,
Si le meilleur de l'homme est tel
Que rien n'en périsse, je t'aime
Avec ce que j'ai d'immortel.

LE NOM

Chacun donne à celle qu'il aime
Les plus beaux noms et les plus doux;
Pour moi, c'est ton nom de baptême
Que je préfère encore à tous.
Simple et tendre à dire, il me semble
Pour te désigner le seul bon,
Et toutes les douceurs ensemble,
Je te les murmure en ce nom.

La mélodie en est divine;
Tu sais le contre-coup soudain
Qu'on sent au creux de la poitrine
Quand la main rencontre la main;
Hé bien! je sens, quand il résonne

Au milieu d'un monde étranger,
Comme au toucher de ta personne
Cet étouffement passager.

Toute autre femme qui le signe
L'usurpe à mes yeux, et pourtant,
Si peu qu'elle m'en semble digne,
Elle m'attire en le portant;
Pour moi ton image s'y lie
Et prête son reflet trompeur
A ton homonyme embellie;
Je crois l'aimer, mais sois sans peur :

Je ne pourrais t'être infidèle
Avec des femmes de ce nom,
Car ta grâce en mon cœur s'y mêle,
Grâce inséparable d'un son;
Et quel autre nom de maîtresse
Effacerait ce mot vivant
Dont la musique enchanteresse
Me fait redevenir enfant ?

Comme les passereaux accourent
A l'appel câlin du charmeur,

A ce nom bien-aimé m'entourent
Mes premiers rêves de bonheur;
Et dans l'âge où l'amour se sèvre,
En deuil des printemps révolus,
J'aurai sa caresse à la lèvre
Quand les baisers n'y seront plus.

PEUR D'AVARE

Soudain je t'ai si fort pressée
Pour sentir ton cœur bien à moi,
Que je t'en ai presque blessée,
Et tu m'as demandé pourquoi.

Un mot, un rien, m'a tout à l'heure
Fait étreindre ainsi mon trésor,
Comme, au moindre vent qui l'effleure,
L'avare en hâte étreint son or;

La porte de sa cave est sûre,
Il en tient dans son poing la clé,
Mais, par le trou de la serrure,
Un filet d'air froid a soufflé;

Et pendant qu'il comptait dans l'ombre
Son trésor écu par écu,
Savourant le titre et le nombre,
Il a senti le souffle aigu !

Il serre en vain sa clé chérie,
Vainement il s'est verrouillé,
Avant d'y réfléchir il crie
Comme s'il était dépouillé !

C'est que l'instinct fait sentinelle,
C'est que l'âme du possesseur
N'ose jamais plier qu'une aile,
O ma sainte amie, ô ma sœur !

C'est que ma richesse tardive,
Fruit de mes soupirs quotidiens,
Me semble encore fugitive
Au moment même où je la tiens !

Et cette épargne que j'amasse
A beau grandir en sûreté,
Je crois, au moindre vent qui passe,
Qu'un ravisseur a fureté...

Et je fais aussitôt l'épreuve
De tout le deuil qui peut tenir
Dans une âme absolument veuve
Où l'amour n'a plus d'avenir.

Alors je tremble et te supplie
D'un anxieux et long regard...
Oh! pardonne-moi la folie
De trembler encore; si tard!

Hélas! l'habitude en est prise :
Tu n'as que si tard deviné
Combien le doute martyrise,
Impérissable une fois né.

Dans l'âge (qui n'est plus le nôtre)
Où bat le cœur à découvert,
Le mien, plus exposé qu'un autre,
Puisqu'il t'aimait, a plus souffert;

Ah! tout cœur où l'amour habite
Recèle un pouvoir de souffrir
Dont il ignore la limite,
Tant qu'il souffre sans en mourir;

Et j'ignorais, naïf encore,
Combien le calice est profond
Que ta main douce emmielle et dore
Sans jamais en montrer le fond ;

Car tu savais, déjà coquette,
Ménager longtemps la douleur
En faisant, d'un coup de baguette,
Naître un mirage dans un pleur.

Que de froideurs instantanées
Ont ébranlé longtemps ma foi !
Enfin la pente des années
T'a fait pencher le front sur moi,

Et j'ai cru que ma jalousie,
Humble tigresse aux reins ployés,
Bien rompue à ta fantaisie,
Dormait de fatigue à tes pieds ;

Voilà pourtant qu'une pensée,
Moins qu'un soupçon, moins qu'une erreur,
— Une rêverie insensée
M'a fait tressaillir de terreur ;

Cet éclair de peur indicible,
Tout à coup m'a fait entrevoir,
Aux obscurs confins du possible,
Un abîme de désespoir.

UN RENDEZ-VOUS

Dans ce nid furtif où nous sommes,
O ma chère âme, seuls tous deux,
Qu'il est bon d'oublier les hommes,
    Si près d'eux !

Pour ralentir l'heure fuyante,
Pour la goûter, il ne faut pas
Une félicité bruyante ;
    Parlons bas.

Craignons de la hâter d'un geste,
D'un mot, d'un souffle seulement,
D'en perdre, tant elle est céleste,
    Un moment.

Afin de la sentir bien nôtre,
Afin de la bien ménager,
Serrons-nous tout près l'un de l'autre
    Sans bouger;

Sans même lever la paupière :
Imitons le chaste repos
De ces vieux châtelains de pierre
    Aux yeux clos,

Dont les corps sur les mausolées,
Immobiles et tout vêtus,
Loin de leurs âmes envolées
    Se sont tus;

Dans une alliance plus haute
Que les terrestres unions,
Gravement comme eux, côte à côte,
    Sommeillons.

Car nous n'en sommes plus aux fièvres
D'un jeune amour qui peut finir;
Nos cœurs n'ont plus besoin des lèvres
    Pour s'unir,

Ni des paroles solennelles
Pour changer leur culte en devoir,
Ni du mirage des prunelles
    Pour se voir.

Ne me fais plus jurer que j'aime,
Ne me fais plus dire comment ;
Goûtons la félicité même
    Sans serment.

Savourons, dans ce que nous disent
Silencieusement nos pleurs,
Les tendresses qui divinisent
    Les douleurs !

Chère, en cette ineffable trêve
Le désir enchanté s'endort ;
On rêve à l'amour comme on rêve
    A la mort.

On croit sentir la fin du monde ;
L'univers semble chavirer
D'une chute douce et profonde,
    Et sombrer...

L'âme de ses fardeaux s'allège
Par la fuite immense de tout ;
La mémoire comme une neige
 Se dissout.

Toute la vie ardente et triste
Semble anéantie alentour,
Plus rien pour nous, plus rien n'existe
 Que l'amour.

Aimons en paix : il fait nuit noire,
La lueur blême du flambeau
Expire... Nous pouvons nous croire
 Au tombeau.

Laissons-nous dans les mers funèbres,
Comme après le dernier soupir,
Abîmer, et par leurs ténèbres
 Assoupir...

Nous sommes sous la terre ensemble
Depuis très longtemps, n'est-ce pas ?
Écoute en haut le sol qui tremble
 Sous les pas.

Regarde au loin comme un vol sombre
De corbeaux, vers le nord chassé,
Disparaître les nuits sans nombre
    Du passé,

Et comme une immense nuée
De cigognes (mais sans retours!)
Fuir la blancheur diminuée
    Des vieux jours...

Hors de la sphère ensoleillée
Dont nous subîmes les rigueurs,
Quelle étrange et douce veillée
    Font nos cœurs?

Je ne sais plus quelle aventure
Nous a jadis éteint les yeux,
Depuis quand notre extase dure,
    En quels cieux.

Les choses de la vie ancienne
Ont fui ma mémoire à jamais,
Mais du plus loin qu'il me souvienne
    Je t'aimais...

Par quel bienfaiteur fut dressée
Cette couche ? et par quel hymen
Fut pour toujours ta main laissée
　　Dans ma main ?

Mais qu'importe ! O mon amoureuse,
Dormons dans nos légers linceuls,
Pour l'éternité bienheureuse
　　Enfin seuls !

L'OBSTACLE

Les lèvres qui veulent s'unir,
A force d'art et de constance,
Malgré le temps et la distance,
Y peuvent toujours parvenir.

On se fraye toujours des routes;
Flots, monts, déserts n'arrêtent point,
De proche en proche on se rejoint,
Et les heures arrivent toutes.

Mais ce qui fait durer l'exil
Mieux que l'eau, le roc ou le sable,
C'est un obstacle infranchissable,
Qui n'a pas l'épaisseur d'un fil.

C'est l'honneur; aucun stratagème,
Nul âpre effort n'en est vainqueur,
Car tout ce qu'il oppose au cœur,
Il le puise dans le cœur même.

Vous savez s'il est rigoureux,
Pauvres couples à l'âme haute
Qu'une noble horreur de la faute
Empêche seule d'être heureux.

Penchés sur le bord de l'abîme,
Vous respectez au fond de vous,
Comme de cruels garde-fous,
Les arrêts de ce juge intime;

Purs amants sur terre égarés,
Quel martyre étrange est le vôtre!
Plus vos cœurs sont près l'un de l'autre,
Plus ils se sentent séparés.

Oh! que de fois fermente et gronde,
Sous un air de froid nonchaloir,
Votre souriant désespoir
Dans la mascarade du monde!

Que de cris toujours contenus !
Que de sanglots sans délivrance !
Sous l'apparente indifférence,
Que d'héroïsmes méconnus !

Aux ivresses, même impunies,
Vous préférez un deuil plus beau,
Et vos lèvres, même au tombeau,
Attendent le droit d'être unies.

LA COUPE

Sonnet

Dans les verres épais du cabaret brutal,
Le vin bleu coule à flots et sans trêve à la ronde;
Dans les calices fins plus rarement abonde
Un vin dont la clarté soit digne du cristal.

Enfin la coupe d'or du haut d'un piédestal
Attend, vide toujours, bien que large et profonde,
Un cru dont la noblesse à la sienne réponde :
On tremble d'en souiller l'ouvrage et le métal.

Plus le vase est grossier de forme et de matière,
Mieux il trouve à combler sa contenance entière,
Aux plus beaux seulement il n'est point de liqueur.

C'est ainsi : plus on vaut, plus fièrement on aime,
Et qui rêve pour soi la pureté suprême
D'aucun terrestre amour ne daigne emplir son cœur.

SILENCE

Sonnet

La pudeur n'a pas de clémence,
Nul aveu ne reste impuni,
Et c'est par le premier nenni
Que l'ère des douleurs commence.

De ta bouche où ton cœur s'élance
Que l'aveu reste donc banni !
Le cœur peut offrir l'infini
Dans la profondeur du silence.

Baise sa main sans la presser
Comme un lis facile à blesser,
Qui tremble à la moindre secousse ;

Et l'aimant sans nommer l'amour,
Tais-lui que sa présence est douce,
La tienne sera douce un jour.

PARFUMS ANCIENS

A FRANÇOIS COPPÉE

*

O senteur suave et modeste
Qu'épanchait le front maternel,
Et dont le souvenir nous reste
Comme un lointain parfum d'autel,

Pure émanation divine
Qui mêlais en moi ta douceur
A la petite senteur fine
Des longues tresses d'une sœur,

Chère odeur, tu t'en es allée
Où sont les parfums de jadis,
Où remonte l'âme exhalée
Des violettes et des lis.

O fraîche senteur de la vie
Qu'au temps des premières amours
Un baiser candide a ravie
Au plus délicat des velours,

Loin des lèvres décolorées
Tu t'es enfuie aussi là-bas,
Jusqu'où planent, évaporées,
Les jeunesses des vieux lilas,

Et le cœur, cloué dans l'abîme,
Ne peut suivre, à ta trace uni,
Le voyage épars et sublime
Que tu poursuis dans l'infini.

* * *

Mais ô toi, l'homicide arôme
Dont en pleurant nous nous grisons,
Où notre cœur cherchait un baume
Et n'aspira que des poisons,

Ah! toi seule, odeur trop aimée
Des cheveux trop noirs et trop lourds,
Tu nous laisses, courte fumée,
Des vestiges brûlant toujours.

Dans les replis où tu te glisses
Tu déposes un marc fatal,
Comme l'âcre odeur des épices
S'incruste aux coins d'un vieux cristal.

****

Et tel, dans une eau fraîche et claire,
Le flacon, vainement plongé,
Garde l'âcreté séculaire
De l'essence qui l'a rongé,

Tel, dans la tendresse embaumante
Que verse au cœur, pour l'assainir,
Une fidèle et chaste amante,
Sévit encor ton souvenir.

O parfum modeste et suave,
Épanché du front maternel,
Qui lave ce que rien ne lave,
Où donc es-tu, parfum d'autel?

L'ÉTOILE AU CŒUR

Par les nuits sublimes d'été,
Sous leur dôme d'or et d'opale,
Je demande à l'immensité
Où sourit la forme idéale.

Plein d'une angoisse de banni,
A travers la flore innombrable
Des campagnes de l'Infini,
Je poursuis ce lis adorable...

S'il brille au firmament profond,
Ce n'est pas pour moi qu'il y brille :
J'ai beau chercher, tout se confond
Dans l'océan clair qui fourmille.

Ma vue implore de trop bas
Sa splendeur en chemin perdue,
Et j'abaisse enfin mes yeux las,
Découragés par l'étendue.

Appauvri de l'espoir ôté,
Je m'en reviens plus solitaire,
Et cependant cette beauté,
Que je crois si loin de la terre,

Un laboureur insoucieux,
Chaque soir à son foyer même,
Pour l'admirer, l'a sous les yeux
Dans la paysanne qu'il aime.

Heureux qui, sans vaine langueur,
Voyant les étoiles renaître,
Ferme sur elles sa fenêtre :
La plus belle luit dans son cœur.

LES INFIDÈLES

Sonnet

Je t'aime, en attendant mon éternelle épouse,
Celle qui doit venir à ma rencontre un jour,
Dans l'immuable Éden, loin de l'ingrat séjour
Où les prés n'ont de fleurs qu'à peine un mois sur douze.

Je verrai devant moi, sur l'immense pelouse
Où se cherchent les morts pour l'hymen sans retour,
Tes sœurs de tous les temps défiler tour à tour,
Et je te trahirai sans te rendre jalouse ;

Car toi-même, élisant ton époux éternel,
Tu m'abandonneras dès son premier appel,
Quand passera son ombre avec la foule humaine ;

Et nous nous oublîrons, comme les passagers
Que le même navire à leurs foyers ramène,
Ne s'y souviennent plus de leurs liens légers.

DOUCEUR D'AVRIL

A ALBERT MÉRAT

J'ai peur d'Avril, peur de l'émoi
Qu'éveille sa douceur touchante;
Vous qu'elle a troublés comme moi,
C'est pour vous seuls que je la chante.

En décembre, quand l'air est froid,
Le temps brumeux, le jour livide,
Le cœur, moins tendre et plus étroit,
Semble mieux supporter son vide.

Rien de joyeux dans la saison
Ne lui fait sentir qu'il est triste;
Rien en haut, rien à l'horizon
Ne révèle qu'un ciel existe.

Mais, dès que l'azur se fait voir,
Le cœur s'élargit et se creuse,
Et s'ouvre pour le recevoir
Dans sa profondeur douloureuse;

Et ce bleu qui lui rit de loin,
L'attirant sans jamais descendre,
Lui donne l'infini besoin
D'un essor impossible à prendre.

Le bonheur candide et serein,
Qui s'exhale de toutes choses,
L'oppresse, et son premier chagrin
Rajeunit à l'odeur des roses.

Il sent, dans un réveil confus,
Les anciennes ardeurs revivre,
Et les mêmes anciens refus
Le repousser dès qu'il s'y livre.

J'ai peur d'Avril, peur de l'émoi
Qu'éveille sa douceur touchante;
Vous qu'elle a troublés comme moi,
C'est pour vous seuls que je la chante.

PÈLERINAGES

En souvenir je m'aventure,
Vers les jours passés où j'aimais,
Pour visiter la sépulture
Des rêves que mon cœur a faits.

Cependant qu'on vieillit sans cesse,
Les amours ont toujours vingt ans,
Jeunes de la fixe jeunesse
Des enfants qu'on pleure longtemps.

Je soulève un peu les paupières
De ces chers et douloureux morts;
Leurs yeux sont froids comme des pierres
Avec des regards toujours forts.

Leur grâce m'attire et m'oppresse;
En dépit des ans révolus,
Je leur ai gardé ma tendresse;
Ils ne me reconnaîtraient plus :

J'ai changé d'âme et de visage;
Ils redoutent l'adieu moqueur
Que font les hommes de mon âge
Aux premiers rêves de leur cœur,

Et moi, plein de pitié, j'hésite,
J'ai peur qu'en se posant sur eux
Mon baiser ne les ressuscite :
Ils ont été trop malheureux.

SUR UN ALBUM

Elle était blanche, cette page,
Mieux valait la laisser ainsi;
Du plus innocent griffonnage
Son éclat vierge est obscurci.

Il valait mieux n'y rien écrire,
Elle était blanche, et je pouvais
Y voir seul pleurer ou sourire
Les vers amis que je rêvais;

Ces vers que vous dictiez vous-même
Y miraient en paix leur fraîcheur,
Et la page sous le poème
Ne perdait rien de sa blancheur.

C'est une étrange fantaisie
D'avoir voulu sur ce papier
Crucifier la poésie
Comme une fleur sur un herbier :

Elle n'est plus qu'une victime;
Il ne demeure sous vos yeux
Plus rien de sa primeur intime,
Tous les vers écrits sont si vieux!

Et vous voilà bien avancée!
Vous aurez eu pour tout régal,
Au lieu d'un lis dans ma pensée,
Dans votre album un madrigal.

JUIN

Sonnet

Pendant avril et mai, qui sont les plus doux mois,
Les couples, enchantés par l'éther frais et rose,
Ont ressenti l'amour comme une apothéose ;
Ils cherchent maintenant l'ombre et la paix des bois.

Ils rêvent, étendus sans mouvement, sans voix ;
Les cœurs désaltérés font ensemble une pause,
Se rappelant l'aveu dont un lilas fut cause
Et le bonheur tremblant qu'on ne sent pas deux fois.

Lors le soleil riait sous une fine écharpe,
Et, comme un papillon dans les fils d'une harpe,
Dans ses rayons encore un peu de neige errait.

Mais aujourd'hui ses feux tombent déjà torrides,
Un orageux silence emplit le ciel sans rides,
Et l'amour exaucé couve un premier regret.

LA BEAUTÉ

Splendeur excessive, implacable,
O Beauté, que tu me fais mal !
Ton essence incommunicable,
Au lieu de m'assouvir, m'accable :
On n'absorbe pas l'idéal.

L'Éternel féminin m'attire,
Mais je ne sais comment l'aimer.
Beauté, te voir n'est qu'un martyre,
Te désirer n'est qu'un délire,
Tu n'offres que pour affamer !

Je porte envie au statuaire
Qui t'admire sans âcre amour,
Comme sur le lit mortuaire
Un corps de vierge, où le suaire
Sanctifie un parfait contour.

Il voit, comme de blanches ailes
S'abattant sur un colombier,
Les formes des vivants modèles,
A l'appel du ciseau fidèles,
Couvrir le marbre familier;

Il les choisit, il les assemble,
Tel qu'un lutteur, toujours debout,
Et quand l'ébauche te ressemble,
D'aucun désir sa main ne tremble,
Car il est ton prêtre avant tout

Calme, la prunelle épurée
Au soleil austère de l'art,
Dans la pierre transfigurée
Il juge l'œuvre et sa durée,
D'un incorruptible regard;

Mais, quand malgré soi l'on regarde
Une femme en ce spectre blanc,
A lui parler l'on se hasarde,
Et bientôt, sans y prendre garde,
Dans la pierre on coule du sang!

On appuie, en rêve, sur elle
Les lèvres pour les apaiser,
Mais, amante surnaturelle,
Tu dédaignes cet amant frêle,
Tu ne lui rends pas son baiser.

Et vainement, pour fuir ta face,
On veut faire en ses yeux la nuit :
Les yeux t'aiment et, quoi qu'on fasse,
Nulle obscurité n'en efface
L'éblouissement qui les suit.

En vain le cœur frustré s'attache
A des visages plus cléments :
Comme une lumineuse tache,
Ta vive image les lui cache,
Dressée entre les deux amants.

Tu règnes sur qui t'a comprise,
Seule et hors de comparaison ;
Pour l'âme de ton joug éprise
Tout autre amour n'est que méprise
Qui dégénère en trahison

Celles qu'on aime, on les désole,
Car, mentant même à leurs genoux,
Sans le vouloir on les immole
A toi, la souveraine idole
Invisible à leurs yeux jaloux.

Seul il sent, l'homme qui te crée,
Tes maléfices s'amortir;
Sa compagne au foyer t'agrée
Comme une étrangère sacrée
Qui ne l'en fera point sortir.

L'artiste impose pour hôtesse,
Dans son cœur comme dans ses yeux,
L'humble mortelle à la déesse,
Vouant à l'une sa tendresse,
A l'autre un culte glorieux !

Jamais ton éclat ne l'embrase :
T'enveloppant, pour te saisir,
D'une rigide et froide gaze,
Il n'a de l'amour que l'extase,
Amoureux sauvé du désir !

L'ART ET L'AMOUR

A ALEXANDRE PIEDAGNEL

Le vent d'orage, allant où quelque dieu l'envoie,
S'il rencontre un parterre, y voudrait bien rester :
Autour du plus beau lis il s'enroule et tournoie,
Et gémit vainement sans pouvoir s'arrêter.

— « Demeure, endors ta fougue errante et soucieuse,
Endors-la dans mon sein, lui murmure la fleur.
Je suis moins qu'on ne croit fière et silencieuse,
Et l'été brûle en moi sous ma froide pâleur.

Ton cruel tournoîment m'épuise et m'hallucine,
Et j'y sens tout mon cœur en soupirs s'exhaler...
Je suis fidèle; ô toi, qui n'as pas de racine,
Pourquoi m'enlaces-tu si tu dois t'en aller? » —

— « Hélas ! lui répond-il, je suis une âme en peine,
L'angoisse et le caprice ont même aspect souvent.
Vois-tu ce grand nuage ? Attends que mon haleine
Ait donné forme et vie à ce chaos mouvant. » —

— « Pars, et reviens, après la pluie et le tonnerre ;
Je t'aime et t'attendrai ; ne me fais pas d'adieu,
Car nous nous unirons, moi sans quitter la terre,
Toi sans quitter le ciel, ce soir même en ce lieu. » —

— « J'y serai », dit le vent. Sous le fouet qui l'exile
Il part, plein d'un regret d'espérance embaumé ;
Et la fleur ploie encore et quelque temps vacille,
Lente à reconquérir le calme accoutumé.

Elle est tout à son rêve, il est tout à l'ouvrage.
Mais que les rendez-vous entre eux sont superflus !
Quand la fraîcheur du soir eut apaisé l'orage,
Ni le vent ni la fleur n'existaient déjà plus.

LA VOLUPTÉ

Sonnet

Deux êtres asservis par le désir vainqueur,
Le sont jusqu'à la mort, la Volupté les lie.
Parfois, lasse un moment, la geôlière s'oublie,
Et leur chaîne les serre avec moins de rigueur.

Aussitôt, se dressant tout chargés de langueur,
Ces pâles malheureux sentent leur infamie;
Chacun secoue alors cette chaîne ennemie,
Pour la briser lui-même ou s'arracher le cœur.

Ils vont rompre l'acier du nœud qui les torture,
Mais Elle, au bruit d'anneaux qu'éveille la rupture,
Entr'ouvre ses longs yeux où nage un deuil puissant,

Elle a fait de ses bras leur tombe ardente et molle :
En silence attiré, le couple y redescend,
Et l'éphémère essaim des repentirs s'envole...

ÉVOLUTION

Quand je me hasarde à descendre
Jusques aux bas-fonds du désir,
A l'heure où l'on pèse la cendre
Que laisse après soi le plaisir ;

Ou quand je sonde l'origine
De ces hymens vils et fortuits
Qu'en songe la chair imagine,
Ressouvenir d'antiques nuits..

Je crois que dans une autre sphère,
Où je me sentais déjà mal,
J'aimais, ne pouvant pas mieux faire,
Avec des instincts d'animal.

Là je rêvais déjà sans doute
L'amante qu'amant orgueilleux
A la brute qui me dégoûte
Je préfère en espérant mieux,

Et je suis traité d'infidèle
Par la plus belle d'ici-bas,
Parce que j'aime son modèle
Où mes lèvres n'atteignent pas.

Ainsi, de la poussière immonde
A l'éther qu'on n'étreint jamais,
Mon idéal de monde en monde
Me devance au monde où je vais.

LES DEUX CHUTES

Sonnet

D'un seul mot, pénétrant comme un acier pointu,
Vous nous exaspérez pour nous dompter d'un signe,
Sachant que notre cœur s'emporte et se résigne,
Rebelle subjugué sitôt qu'il a battu.

Triomphez pleinement, ô femmes sans vertu,
De notre souple hommage à votre empire indigne !
Quand vous nous faites choir hors de la droite ligne,
Tombés autant que vous, nous avons plus perdu :

Que dans vos corps divins le remords veille ou dorme,
Il laisse intacte en vous la gloire de la forme,
Car, fût-elle sans âme, Aphrodite a son prix!

Vos yeux, beaux sans l'honneur, peuvent régner encore,
Mais le regard d'un homme, au souffle du mépris,
Perd toute la fierté qui l'arme et le décore.

L'INDIFFÉRENTE

Sonnet

Que n'ai-je à te soumettre ou bien à t'obéir ?
Je te vouerais ma force ou te la ferais craindre ;
Esclave ou maître, au moins je te pourrais contraindre
A me sentir ta chose ou bien à me haïr.

J'aurais un jour connu l'insolite plaisir
D'allumer dans ton cœur des soifs, ou d'en éteindre,
De t'être nécessaire ou terrible, et d'atteindre,
Bon gré, mal gré, ce cœur jusque-là sans désir.

Esclave ou maître, au moins j'entrerais dans ta vie ;
Par mes soins captivée, à mon joug asservie,
Tu ne pourrais me fuir ni me laisser partir ;

Mais je meurs sous tes yeux, loin de ton être intime,
Sans même oser crier, car ce droit du martyr,
Ta douceur impeccable en frustre ta victime.

L'ART TRAHI

Sonnet

Fors l'amour, tout dans l'art semble à la femme vain :
Le génie auprès d'elle est toujours solitaire.
Orphée allait chantant, suivi d'une panthère,
Dont il croyait leurrer l'inexorable faim ;

Mais, dès que son pied nu rencontrait en chemin
Quelque épine de rose et rougissait la terre,
La bête, se ruant d'un bond involontaire,
Oublieuse des sons, lampait le sang humain.

Crains la docilité félonne d'une amante,
Poète : elle est moins souple à la lyre charmante
Qu'avide, par instinct, de voir le cœur saigner.

Pendant que ta douleur plane et vibre en mesure,
Elle épie à tes pieds les pleurs de ta blessure,
Plaisir plus vif encor que de la dédaigner.

SOUHAIT

Sonnet

Par moments je souhaite une esclave au beau corps,
Sans ouïe et sans voix, pour toute bien-aimée.
A son oreille close, aux rougeurs de camée,
Le feu de mon soupir dirait seul mes transports,

Et sa bouche, semblable aux coupes dont les bords
Distillent en silence une ivresse enflammée,
M'offrirait son ardeur sans me l'avoir nommée :
Nous nous embrasserions, muets comme deux morts.

Du moins pourrais-je, exempt d'amères découvertes,
Goûter dans la splendeur de ces charmes inertes
L'idéal, sans qu'un mot l'eût jamais démenti ;

Lire, au contour sacré d'une lèvre pareille,
Le verbe de Dieu seul, et, baisant cette oreille,
A Dieu seul confier ce que j'aurais senti.

TROP TARD

Sonnet

Nature, accomplis-tu tes œuvres au hasard,
Sans raisonnable loi, ni prévoyant génie?
Ou bien m'as-tu donné par cruelle ironie
Des lèvres et des mains, l'ouïe et le regard?

Il est tant de saveurs dont je n'ai point ma part,
Tant de fruits à cueillir que le sort me dénie!
Il voyage vers moi tant de flots d'harmonie,
Tant de rayons, qui tous m'arriveront trop tard!

Et si je meurs sans voir mon idole inconnue,
Si sa lointaine voix ne m'est point parvenue,
A quoi m'auront servi mon oreille et mes yeux?

A quoi m'aura servi ma main hors de la sienne?
Mes lèvres et mon cœur, sans qu'elle m'appartienne?
Pourquoi vivre à demi quand le néant vaut mieux?

LES AMOURS TERRESTRES

Sonnet

Nos yeux se sont croisés et nous nous sommes plu.
Née au siècle où je vis et passant où je passe,
Dans le double infini du temps et de l'espace
Tu ne me cherchais point, tu ne m'as point élu ;

Moi, pour te joindre ici le jour qu'il a fallu,
Dans le monde éternel je n'avais point ta trace,
J'ignorais ta naissance et le lieu de ta race :
Le sort a donc tout fait, nous n'avons rien voulu.

Les terrestres amours ne sont qu'une aventure :
Ton époux à venir et ma femme future
Soupirent vainement, et nous pleurons loin d'eux ;

C'est lui que tu pressens en moi, qui lui ressemble,
Ce qui m'attire en toi, c'est elle, et tous les deux
Nous croyons nous aimer en les cherchant ensemble.

ÉCLAIRCIE

Quand on est sous l'enchantement
D'une faveur d'amour nouvelle,
On s'en défendrait vainement,
    Tout le révèle :

Comme fuit l'or entre les doigts,
Le trop-plein de bonheur qu'on sème,
Par le regard, le pas, la voix,
    Crie : Elle m'aime !

Quelque chose d'aérien
Allège et soulève la vie,
Plus rien ne fait peine, et plus rien
    Ne fait envie :

Les choses ont des airs contents,
On marche au hasard, l'âme en joie,
Et le visage en même temps
    Rit et larmoie;

On s'oublie, aux yeux étonnés
Des enfants et des philosophes,
En grands gestes désordonnés,
    En apostrophes!

La vie est bonne, on la bénit,
On rend justice à la nature!
Jusqu'au rêve de faire un nid
    L'on s'aventure...

L'ÉTRANGER

Sonnet

Je me dis bien souvent : De quelle race es-tu ?
Ton cœur ne trouve rien qui l'enchaîne ou ravisse,
Ta pensée et tes sens, rien qui les assouvisse :
Il semble qu'un bonheur infini te soit dû.

Pourtant, quel paradis as-tu jamais perdu ?
A quelle auguste cause as-tu rendu service ?
Pour ne voir ici-bas que laideur et que vice,
Quelle est ta beauté propre et ta propre vertu ?

A mes vagues regrets d'un ciel que j'imagine,
A mes dégoûts divins, il faut une origine :
Vainement je la cherche en mon cœur de limon ;

Et, moi-même étonné des douleurs que j'exprime,
J'écoute en moi pleurer un étranger sublime
Qui m'a toujours caché sa patrie et son nom.

UNE LARME

En tes yeux nage une factice opale,
Et le charbon t'allonge les sourcils,
Mais ton regard sans douceur n'est que pâle
Sous tes gros cils de sépia noircis.

Ah! pauvre femme, il règne un froid de pierre
Dans la langueur menteuse de ce fard ;
Quand tu mettrais l'azur sous ta paupière,
Tu ne pourrais embellir ton regard !

Oui, porte envie aux yeux vrais qui nous laissent,
En se voilant, captivés d'autant mieux;
Ceux-là sont beaux, même quand ils se baissent :
C'est le regard qui fait le prix des yeux.

Qui sait pourtant s'il faut qu'on te dédaigne,
S'il n'est plus rien, dans ton âme, à cueillir?
Pour la sauver il suffit qu'on la plaigne,
Un dernier lis y pourra tressaillir.

Est-il si vain ce rêve de jeunesse
Dont nous rions et que nous fîmes tous :
Guérir une âme où la vertu renaisse !
Si généreux, étions-nous donc si fous?

Qui sait pourtant si tout ton maquillage
N'endigue pas des pleurs accumulés,
Qui brusquement y feraient leur sillage,
Pareils aux pleurs des yeux immaculés?

Car tous les pleurs, de pécheresse ou d'ange,
Dans tous les yeux sont d'eau vive et de sel;
L'onde en est pure, et rien de ce mélange,
S'il vient du cœur, n'est indigne du ciel;

Vois Madeleine : elle y trône ravie
Pour une larme où Dieu se put mirer:
S'il t'en reste une, une ancienne, à pleurer,
Tu peux laver ta paupière et ta vie.

LA VERTU

J'honore en secret la duègne
Que raillent tant de gens d'esprit,
La Vertu ; j'y crois, et dédaigne
De sourire quand on en rit.

Ah ! souvent l'homme qui se moque
Est celui que point l'aiguillon,
Et tout bas l'incrédule invoque
L'objet de sa dérision.

Je suis trop fier pour me contraindre
A la grimace des railleurs,
Et pas assez heureux pour plaindre
Ceux qui rêvent d'être meilleurs.

Je sens que toujours m'importune
Une loi que rien n'ébranla;
Le monde (car il en faut une)
Parodie en vain celle-là;

Qu'il observe la règle inscrite
Dans les mœurs ou les parchemins,
Je hais sa rapine hypocrite,
Comme celle des grands chemins.

Je hais son droit, aveugle aux larmes,
Son honneur, qui lave un affront
En mesurant bien les deux armes,
Non les deux bras qui les tiendront,

Sa politesse meurtrière
Qui vous trahit en vous servant,
Et, pour vous frapper par derrière,
Vous invite à passer devant.

Qu'un plaisant nargue la morale,
Qu'un fourbe la plie à son vœu,
Qu'un géomètre la ravale
A n'être que prudence au jeu,

Qu'un dogme leurre à sa manière
L'égoïsme du genre humain,
Ajournant à l'heure dernière
L'avide embrassement du gain.

Qu'un cynisme, agréable au crime,
Devant le muet Infini,
Voue au néant ceux qu'on opprime,
Avec l'oppresseur impuni !

Toujours en nous parle sans phrase
Un devin du juste et du beau,
C'est le cœur, et dès qu'il s'embrase
Il devient de foyer flambeau :

Il n'est plus alors de problème,
D'arguments subtils à trouver,
On palpe avec la torche même
Ce que les mots n'ont pu prouver.

Quand un homme insulte une femme,
Quand un père bat ses enfants,
La raison neutre assiste au drame,
Mais le cœur crie au bras : Défends !

Aux lueurs du cerveau s'ajoute
L'éclair jailli du sein : l'amour!
Devant qui s'efface le doute
Comme un rôdeur louche au grand jour :

Alors la loi, la loi sans table,
Conforme à nos réelles fins,
S'impose égale et charitable,
On forme des souhaits divins :

On voudrait être un Marc-Aurèle,
Accomplir le bien pour le bien,
Pratiquer la Vertu pour elle,
Sans jamais lui demander rien,

Hors la seule paix qui demeure
Et dont l'avénement soit sûr,
L'apothéose intérieure
Dont la conscience est l'azur!

Mais pourquoi, saluant ta tâche,
Inerte amant de la Vertu,
O lâche, lâche, triple lâche,
Ce que tu veux, ne le fais-tu?

LE LIT DE PROCUSTE

Sonnet

Quand, pourpre de plaisir, Mars en tes bras faiblit,
O Vénus, et, laissant retomber son grand buste,
Livre au coussin sa tête olympienne et fruste,
Il s'endort, brute et dieu, ton égal en ton lit.

Mais, ni brute ni dieu, l'homme y veille et pâlit.
A cet amant jamais ta couche ne s'ajuste ;
Son front et le chevet, comme au lit de Procuste,
Y sont en éternel et meurtrier conflit.

Vénus, ne descends plus, si tu ne nous attires
Que pour faire de nous tes profanes satyres
Ou tes vains soupirants, mais tes époux non pas,

Si la compagne en toi, pour nos rêves placée
Ou déesse trop haut ou femelle trop bas,
Nous fuit, jamais atteinte ou toujours dépassée.

LE TEMPS PERDU

Sonnet

Si peu d'œuvres pour tant de fatigue et d'ennui !
De stériles soucis notre journée est pleine :
Leur meute sans pitié nous chasse à perdre haleine,
Nous pousse, nous dévore, et l'heure utile a fui...

« Demain ! j'irai demain voir ce pauvre chez lui,
« Demain je reprendrai ce livre ouvert à peine,
« Demain je te dirai, mon âme, où je te mène,
« Demain je serai juste et fort... Pas aujourd'hui. »

Aujourd'hui, que de soins, de pas et de visites !
Oh ! l'implacable essaim des devoirs parasites
Qui pullulent autour de nos tasses de thé !

Ainsi chôment le cœur, la pensée et le livre,
Et, pendant qu'on se tue à différer de vivre,
Le vrai devoir dans l'ombre attend la volonté.

LES FILS

Sonnet

Toi que tes grands aïeux, du fond de leur sommeil,
Accablent sous le poids d'une illustre mémoire,
Tu n'auras pas senti ton nom dans la nuit noire
Éclore, et comme une aube y faire un point vermeil !

Je te plains, car peut-être à tes aïeux pareil,
Tu les vaux, mais le monde ébloui n'y peut croire :
Ton mérite rayonne indistinct dans leur gloire,
Satellite abîmé dans l'éclat d'un soleil.

Ah ! l'enfant dont la souche est dans l'ombre perdue,
Peut du moins arracher au séculaire oubli
Le nom qu'il y ramasse encore enseveli ;

Dans la durée immense et l'immense étendue
Son étoile, qui perce où d'autres ont pâli,
Peut luire par soi-même et n'est point confondue !

LE CONSCRIT

A la barrière de l'Étoile,
Un saltimbanque malfaisant
Dressait, dans sa baraque en toile,
Un chien de six mois fort plaisant.

Ce caniche, qui faisait rire
Le public au seuil rassemblé,
Était en conscrit de l'Empire
Misérablement affublé.

Coiffé d'un bonnet de police,
Il restait là, fusil au flanc,
Debout, les jambes au supplice
Dans un piteux pantalon blanc;

Le dos sous sa guenille bleue,
Il tentait un regard vainqueur,
Mais l'anxiété de sa queue
Trahissait l'état de son cœur.

Quand, las de sa fausse posture,
Le pauvre petit chien savant
Retombait, selon la nature,
Sur ses deux pattes de devant,

Il recevait une âpre insulte
Avec un lâche coup de fouet,
Mais, digne sous son poil inculte,
Sans crier il se secouait ;

Tandis qu'il étreignait son arme
Sous les horions sans broncher,
S'il se sentait poindre une larme,
Il s'efforçait de la lécher.

Ce qu'on trouvait surtout risible,
Et ce que j'admirais beaucoup,
C'est qu'il avait l'air plus sensible
Au reproche qu'au mauvais coup.

Son maître, pour sa part de lucre,
Lui posait sur le bout du nez
De vacillants morceaux de sucre,
Plus souvent promis que donnés.

Touché de voir dans ce novice
Tant de vrai zèle à si bas prix,
Quand, à la fin de son service,
Il rompit les rangs, je le pris.

Or, comme je tenais la bête
Par les oreilles, des deux mains,
L'élevant à hauteur de tête
Pour lire en ses yeux presque humains,

L'expression m'en parut double,
J'y sentais deux soucis jumeaux,
Comme dans l'histrion que trouble
L'obsession de ses vrais maux.

Un génie excédant sa taille
Me semblait étouffer en lui,
Et, du vieil habit de bataille,
Forcer le dérisoire étui.

Et j'eus l'illusion fantasque
Que, par les yeux de ce roquet,
Comme à travers les trous d'un masque,
Un regard d'homme m'invoquait...

Cet étrange regard fut cause,
J'en fais aux esprits forts l'aveu,
Qu'ami de la métempsycose,
En ce moment j'y crus un peu.

Mais bientôt, raillant le prodige :
« Ce bonnet, ce frac suranné,
Serait-ce, pauvre chien, lui dis-je,
Une géhenne de damné ? »

Lors j'ouïs une voix pareille
A quelque soupir m'effleurant,
Qui semblait me dire à l'oreille
« Oui, plains-moi, j'étais conquérant. »

L'AUTOMNE

Sonnet

L'azur n'est plus égal comme un rideau sans pli.
La feuille, à tout moment, tressaille, vole et tombe;
Au bois, dans les sentiers où le taillis surplombe,
Les taches de soleil, plus larges, ont pâli.

Mais l'œuvre de la sève est partout accompli :
La grappe autour du cep se colore et se bombe,
Dans le verger la branche au poids des fruits succombe,
Et l'été meurt, content de son devoir rempli.

Dans l'été de ta vie enrichis-en l'automne,
O mortel, sois docile à l'exemple que donne,
Depuis des milliers d'ans, la terre au genre humain ;

Vois : le front, lisse hier, n'est déjà plus sans rides,
Et les cheveux épais seront rares demain :
Fuis la honte et l'horreur de vieillir les mains vides.

ABDICATION

Je voudrais être, sur la terre,
L'unique héritier des grands rois
Dont la force et l'éclat font taire
Tous les revendiqueurs des droits,

De ces rois d'Asie et d'Afrique,
Monarques des derniers pays
Où les maîtres sont, sans réplique,
Sans réserve, encore obéis.

Je verrais, à mon tour idole,
Les trois quarts du monde vivant
Se prosterner sous ma parole
Comme un champ de blés sous le vent.

Les tribus des races voisines
Feraient affluer par milliers
Les venaisons dans mes cuisines,
Les vins rares dans mes celliers,

Des chevaux plein mes écuries,
Des meutes traînant leurs valets,
Des marbres, des tapisseries,
Des vases d'or, plein mes palais!

Sous mes mains j'aurais des captives
Belles de pleurs, et sous mes pieds
Les têtes fières ou craintives
De leurs pères humiliés.

Je posséderais sans conquête
Mon vaste empire, et sans rival!
Dans la sécurité complète
D'un pouvoir salué légal.

Alors, alors, ô joie intense!
Convoquant mon peuple et ma cour,
Devant la servile assistance
Moi-même, en plein règne, au grand jour,

Avec un cynisme suprême,
Je briserais sur mon genou
Le sceptre avec le diadème,
Comme un enfant casse un joujou;

De mes épaules accablées
Arrachant le royal manteau,
Aux multitudes assemblées
Je jetterais l'affreux fardeau;

Pour les déshérités prodigue
Je laisserais tous mes trésors,
Comme un torrent qui rompt sa digue,
Se précipiter au dehors;

Cessant d'appuyer ma sandale
Sur la nuque des prisonniers,
Je rendrais la terre natale
Aux plus fameux comme aux derniers;

J'abandonnerais à mes troupes
Tout l'or glorieux des rançons;
Puis je laisserais dans mes coupes
Boire mes propres échansons;

Sur mes parcs, mes greniers, mes caves,
Par-dessus fossé, grille et mur,
Je lâcherais tous mes esclaves
Comme des ramiers dans l'azur!

Tout mon harem, filles et veuves
S'en retournerait au foyer,
Pour enfanter des races neuves
Que nul tyran ne pût broyer,

Qui ne fussent plus la curée
D'un vainqueur, suppôt de la mort,
Mais serves d'une loi jurée
Dans un libre et paisible accord,

Fondant la cité juste et bonne
Où chaque homme en levant la main
Sent qu'il atteste en sa personne
La dignité du genre humain!

Et moi qui fuis même la gêne
Des pactes librement conclus,
Moi qui ne suis roseau ni chêne,
Ni souple, ni viril non plus,

Je m'en irais finir ma vie
Au milieu des mers, sous l'azur,
Dans une île, une île assoupie
Dont le sol serait vierge et sûr,

Ile qui n'aurait pas encore
Senti l'ancre des noirs vaisseaux,
Dont n'approcheraient que l'aurore,
Le nuage et le pli des eaux.

Dans cette oasis embaumée,
Loin des froides lois en vigueur,
Viens, dirai-je à la bien-aimée,
Appuyer ton cœur sur mon cœur;

Des lianes feront guirlandes
Entre les palmiers sur nos fronts,
Et tu verras des fleurs si grandes
Qu'ensemble nous y dormirons.

VŒU

Quand je vois des vivants la multitude croître
Sur ce globe mauvais de fléaux infesté,
Parfois je m'abandonne à des pensers de cloître,
Et j'ose prononcer un vœu de chasteté.

Du plus aveugle instinct je me veux rendre maître,
Hélas ! non par vertu, mais par compassion ;
Dans l'invisible essaim des condamnés à naître,
Je fais grâce à celui dont je sens l'aiguillon.

Demeure dans l'empire innommé du possible,
O fils le plus aimé qui ne naîtra jamais !
Mieux sauvé que les morts et plus inaccessible,
Tu ne sortiras pas de l'ombre où je dormais !

Le zélé recruteur des larmes par la joie,
L'Amour, guette en mon sang une postérité.
Je fais vœu d'arracher au malheur cette proie;
Nul n'aura de mon cœur faible et sombre hérité.

Celui qui ne saurait se rappeler l'enfance,
Ses pleurs, ses désespoirs méconnus, sans trembler,
Au bon sens comme au droit ne fera point l'offense
D'y condamner un fils qui lui peut ressembler.

Celui qui n'a pas vu triompher sa jeunesse
Et traîne endoloris ses désirs de vingt ans,
Ne permettra jamais que leur flamme renaisse
Et coure inextinguible en tous ses descendants!

L'homme à qui son pain blanc maudit des populaces
Pèse comme un remords des misères d'autrui,
A l'inégal banquet où se serrent les places
N'élargira jamais la sienne autour de lui!

Non! pour léguer son souffle et sa chair sans scrupule,
Il faut être enhardi par un espoir puissant,
Pressentir une aurore au lieu d'un crépuscule
Dans les rougeurs que font l'incendie et le sang;

Croire qu'enfin va luire un âge sans batailles,
Que la terre s'épure, et que la puberté
Doit aux moissons du fer d'incessantes semailles
Pour que son dernier fruit mûrisse en liberté!

Je ne peux; j'ai souci des présentes victimes;
Quels que soient les vainqueurs, je plains les *combattants*,
Et je suis moins touché des songes magnanimes
Que des pleurs que je vois et des cris que j'entends.

Puisqu'elle est à ce prix la victoire future
Qui doit fonder si tard la justice et la paix,
Ne vis que dans mon cœur, ô ma progéniture,
Ignore ma tendresse et n'en pâtis jamais;

Que ta mère demeure imaginaire encore,
Que, vierge ayant conçu hors de l'hymen banal,
Sans avoir à souffrir plus qu'un lis pour éclore,
Elle enfante à l'abri de l'épreuve et du mal.

Sa beauté que j'ai faite et n'ai pas possédée,
(Car les yeux de mon corps n'ont rien vu de pareil)
Vêt la splendeur pudique et fière de l'Idée
Qui fuit l'argile et peut se passer du soleil!

Ainsi, je garderai ma compagne et ma race
Soustraites, en moi-même, aux cruautés du sort,
Et, s'il est vain d'aimer pour qui jamais n'embrasse,
Du moins, exempts du deuil, nous n'aurons qu'une mort

AU JOUR LE JOUR

A EMMANUEL DES ESSARTS

Quand d'une perte irréparable
On garde au cœur le souvenir,
On est parfois si misérable
Qu'on délibère d'en finir.

La vie extérieure oppresse :
Son mobile et bruyant souci
Fatigue... et dans cette détresse
On murmure : « Que fais-je ici ?

Libre de fuir tout ce tumulte
Où ma douleur n'a point de part,
Où le train du monde l'insulte,
Pourquoi retarder mon départ?

Pourquoi cette illogique attente?
Les moyens sont prompts et divers,
Pour l'homme que le néant tente,
D'écarter du pied l'univers! »

Mais l'habitude, lâche et forte,
Demande grâce au désespoir;
On se condamne et l'on supporte
Un jour de plus sans le vouloir.

Ah! c'est qu'il faut si peu de chose
Pour faire accepter chaque jour!
L'aube avec un bouton de rose
Nous intéresse à son retour.

La rose éclora tout à l'heure,
Et l'on attend qu'elle ait souri;
Éclose, on attend qu'elle meure;
Elle est morte, une autre a fleuri;

On partait, mais une hirondelle
Descend et glisse au ras du sol,
Et l'œil ne s'est séparé d'elle
Qu'au ciel où s'est perdu son vol;

On partait, mais tout près s'éveille,
Sous un battement d'éventail,
Un frais zéphyre qui conseille
Avec l'espoir un dernier bail ;

On partait, mais le bruit tout proche
D'un marteau fidèle au labeur,
Sonnant comme un mâle reproche,
Fait rougir d'être un déserteur ;

Tout nous convie à ne pas clore
Notre destinée aujourd'hui,
Le malheur même est doux encore,
Doux à soulager dans autrui :

Une larme veut qu'on demeure
Au moins le temps de l'essuyer ;
Tout ce qui rit, tout ce qui pleure,
Fait retourner le sablier ;

Ainsi l'agonie a des trêves :
On ressaisit, au moindre appel,
Le fil ténu des heures brèves
Au seuil du mystère éternel.

On accorde à cette agonie
Que la main n'abrége jamais,
Une lenteur indéfinie
Où les adieux sont des délais;

Et sans se résigner à vivre
Ni s'en aller avant son tour,
On laisse les moments se suivre,
Et le cœur battre au jour le jour.

LE RIRE

Les bêtes, qui n'ont point de sublimes soucis,
Marchent, dès leur naissance, en fronçant les sourcils,
Et ce rigide pli, jusqu'à la dernière heure,
Signe mystérieux de sagesse, y demeure :
Les énormes lions qui rôdent à grands pas,
Libres et tout-puissants, ne se dérident pas;
Les aigles, fils de l'air et de l'azur, sont graves;
Et les hommes, qui vont saignant de mille entraves,
Enchaînés au plaisir, enchaînés au devoir,
Sous la loi de chercher et ne jamais savoir,
De ne rien posséder sans acheter et vendre,
De ne pouvoir se fuir ni ne pouvoir s'entendre,
D'appréhender la mort et de gratter leur champ,
Les hommes ont un rire imbécile et méchant !

Certes le rire est beau comme la joie est belle,
Quand il est innocent et radieux comme elle!
Vous, les petits enfants, pleins de naïf désir,
Qui des mains écartez vos langes pour saisir
Les brillantes couleurs, ces mensonges des choses,
Vous pouvez, au devant des drapeaux et des roses,
Vous pour qui tout cela n'est que du rouge encor,
Pousser vos rires frais qui font un bruit d'essor!
Vous pouviez rire aussi, même en un *siècle pire*,
Vous, nos rudes aïeux qui ne saviez pas lire,
Et ne pouviez connaître, au bout de l'univers,
Tous les forfaits commis et tous les maux soufferts :
Quand avait fui la peste avec les hommes d'armes,
C'était pour vous la fin de l'horreur et des larmes,
Et peut-être, oublieux de ces fléaux lointains,
Vous aviez des soirs gais et d'allègres matins.
Mais nous, du monde entier la plainte nous harcèle :
Nous souffrons chaque jour la peine universelle,
Car sur toute la terre un messager subtil
Relie à tous les maux tous les cœurs par un fil.
Ah! l'oubli maintenant ne nous est plus possible!
Se peut-on faire une âme à ce point insensible
D'apprendre, sans frémir, de partout à la fois,
Tous les coups du malheur et tous les viols des lois :

Les maîtres plus hardis, les âmes plus serviles,
L'atrocité sans nom des tourmentes civiles,
Et les pactes sans foi, la guerre, les blessés
Râlant cette nuit même au revers des fossés,
L'honneur, le droit trahis par la volonté molle,
Et Christ, épouvanté des fruits de sa parole,
Un diadème en tête et le glaive à la main,
Ne sachant plus qu'il sauve ou perd le genre humain !
N'est-ce pas merveilleux qu'on puisse rire encore !

Mais nous sommes ainsi ; tel un vase sonore
Au moindre choc du doigt se réveille et frémit,
Tandis qu'il tremble à peine et vaguement gémit
Du tonnerre éloigné qui roule dans la nue,
Telle, au moindre soupir dont l'oreille est émue
Nous sentons la pitié dans nos cœurs tressaillir,
Et pour les cris lointains lâchement défaillir ;
Trop pauvres pour donner des pleurs à tous les hommes,
Nous ne plaignons que ceux qui souffrent où nous sommes.

Quand nos foyers sont doux et sûrs, nous oublions
Malgré nous, près du feu, les grelottants haillons,
Et le bruit des canons, le fauve éclair des lames,
Dans les yeux des enfants et dans la voix des femmes ;

Ou, nous-mêmes sujets au sort des malheureux,
Nous tournons nos regards sur nous plus que sur eux.
Ah! si nos cœurs bornés que distrait ou resserre
Leur félicité même ou leur propre misère,
A tant de maux si grands ne se peuvent ouvrir,
Qu'ils aient honte du moins de n'en pas plus souffrir !

LE VASE ET L'OISEAU

Tout seul au plus profond d'un bois,
Dans un fouillis de ronce et d'herbe,
Se dresse, oublié, mais superbe,
Un grand vase du temps des rois.

Beau de matière et pur de ligne,
Il a pour anse deux béliers
Qu'un troupeau d'amours familiers
Enlace d'une souple vigne.

A ses bords, autrefois tout blancs,
La mousse noire append son givre;
Une lèpre aux couleurs de cuivre
Étoile et dévore ses flancs.

Son poids a fait pencher sa base
Où gît un amas de débris,
Car il a ses angles meurtris,
Mais il tient bon, l'orgueilleux vase.

Il songe : « Autour de moi tout dort,
Que fait le monde ? Je m'ennuie,
Mon cratère est plein d'eau de pluie,
D'ombre, de rouille et de bois mort.

Où donc aujourd'hui se promène
Le flot soyeux des courtisans ?
Je n'ai pas vu figure humaine
A mon pied depuis bien des ans. »

Pendant qu'il regrette sa gloire,
Perdu dans cet exil obscur,
Un oiseau par un trou d'azur
S'abat sur ses lèvres pour boire.

« Holà ! manant du ciel, dis-moi,
Toi devant qui l'horizon s'ouvre,
Sais-tu ce qui se passe au Louvre ?
Je n'entends plus parler du roi.

— Ah! tu prends, à l'heure où nous sommes,
Dit l'autre, un bien tardif souci !
Rien n'est donc venu jusqu'ici
Des branle-bas qu'ont faits les hommes?

— Parfois un soubresaut brutal,
Des rumeurs extraordinaires,
Comme de souterrains tonnerres
Font tressaillir mon piédestal.

— C'est l'écho de leurs grands vacarmes :
Plus une tour, plus un clocher
Où l'oiseau puisse en paix nicher,
Partout l'incendie et les armes!

« J'ai naguère, à Paris, en vain
Heurté du bec les vitres closes,
Nulle part, même aux lèvres roses,
La moindre miette de vrai pain.

« Aux mansardes des Tuileries
Je logeais, le printemps passé,
Mais les flammes m'en ont chassé,
Ce n'était que feux et tueries.

« Sur le front du génie ailé
Qui plane où sombra la Bastille,
J'ai voulu poser ma famille,
Mais cet asile a chancelé.

Des murs de granit qu'on restaure
Nous sommes l'un et l'autre exclus,
Là le temps des palais n'est plus,
Et celui des nids, pas encore. »

L'ALPHABET

Il gît au fond de quelque armoire
Ce vieil alphabet tout jauni,
Ma première leçon d'histoire,
Mon premier pas vers l'infini.

Toute la Genèse y figure;
Le lion, l'ours et l'éléphant;
Du monde la grandeur obscure
Y troublait mon âme d'enfant.

Sur chaque bête un mot énorme
Et d'un sens toujours inconnu,
Posait l'énigme de sa forme
A mon désespoir ingénu.

Ah! dans ce lent apprentissage
La cause de mes pleurs, c'était
La lettre noire, et non l'image
Où la Nature me tentait.

Maintenant j'ai vu la Nature
Et ses splendeurs, j'en ai regret :
Je ressens toujours la torture
De la merveille et du secret,

Car il est un mot que j'ignore
Au beau front de ce sphinx écrit,
J'en épelle la lettre encore
Et n'en saurai jamais l'esprit.

SUR LA MORT

I

On ne songe à la Mort que dans son voisinage :
Au sépulcre éloquent d'un être qui m'est cher,
J'ai pour m'en pénétrer fait un pèlerinage,
Et je pèse aujourd'hui ma tristesse d'hier.

Je veux, à mon retour de cette sombre place
Où semblait m'envahir la funèbre torpeur,
Je veux me recueillir et contempler en face
La Mort, la grande Mort, sans défi, mais sans peur.

Assiste ma pensée, austère Poésie
Qui sacres de beauté ce qu'on a bien senti;
Ta sévère caresse aux pleurs vrais s'associe,
Et tu sais que mon cœur ne t'a jamais menti.

Si ton charme n'est point un misérable leurre,
Ton art un jeu servile, un vain culte sans foi,
Ne m'abandonne pas précisément à l'heure
Où, pour ne pas sombrer, j'ai tant besoin de toi.

Devant l'atroce énigme où la raison succombe,
Si la mienne fléchit tu la relèveras;
Fais-moi donc explorer l'infini d'outre-tombe
Sur ta grande poitrine entre tes puissants bras;

Fais taire l'envieux qui t'appelle frivole,
Toi qui dans l'inconnu fais crier des échos
Et prêtes par l'accent, plus sûr que la parole,
Un sens révélateur au seul frisson des mots.

Ne crains pas qu'au tombeau la morte s'en offense,
O Poésie, ô toi, mon naturel secours,
Ma seconde berceuse au sortir de l'enfance,
Qui seras la dernière au dernier de mes jours.

II

Hélas ! j'ai trop songé sous les blêmes ténèbres
Où les astres ne sont que des bûchers lointains,
Pour croire qu'échappé de ses voiles funèbres
L'homme s'envole et monte à de plus beaux matins ;

J'ai trop vu sans raison pâtir les créatures
Pour croire qu'il existe au delà d'ici-bas
Quelque plaisir sans pleurs, quelque amour sans tortures,
Quelque être ayant pris forme et qui ne souffre pas.

Toute forme est sur terre un vase de souffrances,
Qui, s'usant à s'emplir, se brise au moindre heurt ;
Apparence mobile entre mille apparences
Toute vie est sur terre un flot qui roule et meurt.

N'es-tu plus qu'une chose au vague aspect de femme,
N'es-tu plus rien ? Je cherche à croire sans effroi
Que, ta vie et ta chair ayant rompu leur trame,
Aujourd'hui, morte aimée, il n'est plus rien de toi.

Je ne puis, je subis des preuves que j'ignore.
S'il ne restait plus rien pour m'entendre en ce lieu,
Même après mainte année y reviendrais-je encore,
Répéter au néant un inutile adieu.

Serais-je épouvanté de te laisser sous terre?
Et navré de partir, sans pouvoir t'assister
Dans la nuit formidable où tu gis solitaire,
Penserais-je à fleurir l'ombre où tu dois rester?

III

Pourtant je ne sais rien, rien, pas même ton âge :
Mes jours font suite au jour de ton dernier soupir,
Les tiens n'ont-ils pas fait quelque immense passage
Du temps qui court au temps qui n'a plus à courir?

Ont-ils joint leur durée à l'ancienne durée?
Pour toi s'enchaînent-ils aux ans chez nous vécus?
Ou dois-tu quelque part, immuable et sacrée,
Dans l'absolu survivre à ta chair qui n'est plus?

Certes, dans ma pensée, aux autres invisible,
Ton image demeure impossible à ternir,
Où t'évoque mon cœur tu luis incorruptible,
Mais serais-tu sans moi, hors de mon souvenir ?

Servant de sanctuaire à l'ombre de ta vie,
Je la préserve encor de périr en entier.
Mais que suis-je ? Et demain quand je t'aurai suivie,
Quel ami me promet de ne pas t'oublier ?

Depuis longtemps ta forme est en proie à la terre,
Et jusque dans les cœurs elle meurt par lambeaux,
J'en voudrais découvrir le vrai dépositaire,
Plus sûr que tous les cœurs et que tous les tombeaux.

IV

Les mains, dans l'agonie, écartent quelque chose.
Est-ce aux maux d'ici-bas l'impatient adieu
Du mourant qui pressent sa lente apothéose ?
Ou l'horreur d'un calice imposé par un dieu ?

Est-ce l'élan qu'imprime au corps l'âme envolée?
Ou contre le néant un héroïque effort?
Ou le jeu machinal de l'aiguille affolée,
Quand le balancier tombe, oublié du ressort?

Naguère ce problème où mon doute s'enfonce,
Ne semblait pas m'atteindre assez pour m'offenser;
J'interrogeais de loin, sans craindre la réponse,
Maintenant je tiens plus à savoir qu'à penser.

Ah! doctrines sans nombre où l'été de mon âge
Au vent froid du discours s'est flétri sans mûrir,
De mes veilles sans fruit réparez le dommage,
Prouvez-moi que la morte ailleurs doit refleurir,

Ou bien qu'anéantie, à l'abri de l'épreuve,
Elle n'a plus jamais de calvaire à gravir,
Ou que, la même encor sous une forme neuve,
Vers la plus haute étoile elle se sent ravir!

Faites-moi croire enfin dans le néant ou l'être,
Pour elle et tous les morts que d'autres ont aimés,
Ayez pitié de moi, car j'ai faim de connaître,
Mais vous n'enseignez rien, verbes inanimés!

Ni vous, dogmes cruels, insensés que vous êtes,
Qui du Juif magnanime avez couvert la voix;
Ni toi, qui n'es qu'un bruit pour les cerveaux honnêtes,
Vaine philosophie où tout sombre à la fois;

Toi non plus, qui sur Dieu résignée à te taire
Changes la vision pour le tâtonnement,
Science, qui partout te heurtant au mystère
Et n'osant l'affronter, l'ajournes seulement.

Des mots ! des mots ! Pour l'un la vie est un prodige,
Pour l'autre un phénomène. Eh ! que m'importe à moi !
Nécessaire ou créé je réclame, vous dis-je,
Et vous les ignorez, ma cause et mon pourquoi.

V

Puisque je n'ai pas pu, disciple de tant d'autres,
Apprendre ton vrai sort, ô morte que j'aimais,
Arrière les savants, les docteurs, les apôtres.
Je n'interroge plus, je subis désormais.

Quand la nature en nous mit ce qu'on nomme l'âme,
Elle a contre elle-même armé son propre enfant;
L'esprit qu'elle a fait juste au nom du droit la blâme,
Le cœur qu'elle a fait haut la méprise en rêvant.

Avec elle longtemps, de toute ma pensée
Et de tout mon amour, j'ai lutté corps à corps,
Mais sur son œuvre inique, et pour l'homme insensée,
Mon front et ma poitrine ont brisé leurs efforts.

Sa loi qui par le meurtre a fait le choix des races,
Abominable excuse au carnage que font
Des peuples malheureux les nations voraces,
De tout aveugle espoir m'a vidé l'âme à fond;

Je succombe épuisé, comme en pleine bataille
Un soldat, par la veille et la marche affaibli,
Sans vaincre, ni mourir d'une héroïque entaille,
Laisse en lui les clairons s'éteindre dans l'oubli;

Pourtant sa cause est belle, et si doux est d'y croire
Qu'il cherche en sommeillant la vigueur qui l'a fui;
Mais trop las pour frapper, il lègue la victoire
Aux fermes compagnons qu'il sent passer sur lui.

Ah ! qui que vous soyez, vous qui m'avez fait naître,
Qu'on vous nomme hasard, force, matière ou dieux,
Accomplissez en moi, qui n'en suis pas le maître,
Les destins sans refuge, aussi vains qu'odieux.

Faites, faites de moi tout ce que bon vous semble,
Ouvriers inconnus de l'infini malheur,
Je viens de vous maudire, et voyez si je tremble,
Prenez ou me laissez mon souffle et ma chaleur !

Et si je dois fournir aux avides racines
De quoi changer mon être en mille êtres divers,
Dans l'éternel retour des fins aux origines,
Je m'abandonne en proie aux lois de l'univers.

DÉFAILLANCE ET SCRUPULE

I

Mon besoin de songe et de fable,
La soif malheureuse que j'ai
De quelque autre vie ineffable,
Me laisse tout découragé.

Quand d'un beau vouloir je m'avise,
Je me répète en vain : « Je veux.
— A quoi bon ? » répond la devise
Qui rend stériles tous les vœux.

A quoi bon nos miettes d'aumône?
Si la plèbe veut s'assouvir;
Ou nos rêves d'État sans trône?
S'il plaît au peuple de servir.

A quoi bon rapprendre la guerre?
S'il faut toujours qu'elle ait pour but
Le gain menteur, cher au vulgaire,
D'une auréole et d'un tribut.

A quoi bon la lente science,
Si l'homme ne peut entrevoir,
Après tant d'âpre patience,
Que les bornes de son savoir.

A quoi bon l'amour? si l'on aime
Pour propager un cœur souffrant,
Le cœur humain, toujours le même
Sous le costume différent.

A quoi bon, si la terre est ronde,
Notre infinie avidité?
On est si vite au bout d'un monde,
Quand il n'est pas illimité!

Or ma soif est celle de l'homme,
Je n'ai pas de désir moyen,
Il me faut l'élite et la somme,
Il me faut le souverain bien !

II

Ainsi mon orgueil dissimule
Les défaillances de ma foi,
Mais je sens bientôt un scrupule
Qui s'élève et murmure en moi :

Mon fier désespoir n'est peut-être
Qu'une excuse à ne point agir,
Et, comme au fond je me sens traître,
Un prétexte à n'en point rougir,

Un dédain paresseux qui ruse
Avec la rigueur du devoir,
Et de l'idéal même abuse
Pour me dispenser de vouloir.

Parce que la terre est bornée,
N'y faut-il voir qu'une prison,
Et faillir à la destinée
Qu'embrasse et clôt son horizon ?

Parce que l'amour perpétue
La vie et ses âpres combats,
Vaudra-t-il mieux qu'Adam se tue
Et qu'Athènes n'existe pas ?

Parce que la science est brève
Et le mystère illimité,
Faut-il lui préférer le rêve
Ou la complète cécité ?

Parce que la guerre nous lasse,
Faut-il par mépris des plus forts,
Tendant la gorge au coup de grâce,
Leur fumer nos champs de nos corps ?

Parce que la force nombreuse
Appelle droit son bon plaisir,
Songe creux le savoir qui creuse,
Et l'art qui plane : vain loisir,

Faut-il laisser cette sauvage
Brûler les œuvres des neuf Sœurs
Pour venger l'antique esclavage
Nourricier des premiers penseurs!

Ah! faut-il que de la justice
Et de l'amour, désespérant,
Le cœur déçu se rapetisse
Dans un exil indifférent?

Non, toute la phalange auguste
Des créateurs doit pour ses dieux,
Qui sont le vrai, le beau, le juste,
Combattre en dessillant les yeux,

Et du temple où chaque âge apporte
Le fruit sacré de ses efforts,
Ouvrir à deux battants la porte,
En défendre à mort les trésors!

SURSUM CORDA

Si tous les astres, ô Nature,
Trompant la main qui les conduit,
S'entre-choquaient par aventure
Pour se dissoudre dans la nuit ;

Ou comme une flotte qui sombre,
Si ces foyers, grands et petits,
Lentement dévorés par l'ombre,
Y disparaissaient engloutis,

Tu pourrais repeupler l'abîme,
Et rallumer un firmament
Plus somptueux et plus sublime,
Avec la terre seulement !

Car il te suffirait, pour rendre
A l'infini tous ses flambeaux,
D'y secouer l'humaine cendre
Qui sommeille au fond des tombeaux,

La cendre des cœurs innombrables,
Enfouis, mais brûlants toujours,
Où demeurent inaltérables
Dans la mort d'immortels amours.

Sous la terre, dont les entrailles
Absorbent les cœurs trépassés,
En six mille ans de funérailles
Quels trésors de flamme amassés !

Combien dans l'ombre sépulcrale
Dorment d'invisibles rayons !
Quelle semence sidérale
Dans la poudre des passions !

Ah ! que sous la voûte infinie
Périssent les anciens soleils,
Avec les éclairs du génie
Tu feras des midis pareils;

Tu feras des nuits populeuses,
Des nuits pleines de diamants,
En leur donnant pour nébuleuses
Tous les rêves des cœurs aimants;

Les étoiles plus solitaires,
Éparses dans le sombre azur,
Tu les feras des cœurs austères
Où veille un feu profond et sûr;

Et tu feras la blanche voie
Qui nous semble un ruisseau lacté,
De la pure et sereine joie
Des cœurs morts avant leur été;

Tu feras jaillir tout entière
L'antique étoile de Vénus
D'un atome de la poussière
Des cœurs qu'elle embrasa le plus;

Et les fermes cœurs, pour l'attaque
Et la résistance doués,
Reformeront le zodiaque
Où les Titans furent cloués!

Pour moi-même enfin, grain de sable
Dans la multitude des morts,
Si ce que j'ai d'impérissable
Doit scintiller au ciel d'alors,

Qu'un astre généreux renaisse
De mes cendres à leur réveil !
Rallume au feu de ma jeunesse
Le plus clair, le plus chaud soleil !

Rendant sa flamme primitive
A Sirius, des nuits vainqueur,
Fais-en la pourpre encor plus vive
Avec tout le sang de mon cœur !

A L'OCÉAN

Sonnet

Océan, que vaux-tu dans l'infini du Monde ?
Toi, si large à nos yeux enchaînés sur tes bords,
Mais étroit pour notre âme aux rebelles essors,
Qui du haut des soleils te mesure et te sonde ;

Presque éternel pour nous plus instables que l'onde,
Mais pourtant, comme nous, œuvre et jouet des sorts,
Car tu nous vois mourir, mais des astres sont morts,
Et nulle éternité dans les jours ne se fonde.

Comme une vaste armée où l'héroïsme bout
Marche à l'assaut d'un mur, tu viens heurter la roche,
Mais la roche est solide et reparaît debout.

Va, tu n'es cru géant que du nain qui t'approche :
Ah ! je t'admirais trop, le ciel me le reproche,
Il me dit : « Rien n'est grand ni puissant que le Tout ! »

A RONSARD

Sonnet

O maître des charmeurs de l'oreille, ô Ronsard,
J'admire tes vieux vers, et comment ton génie,
Aux lois d'un juste sens et d'une ample harmonie
Sait dans le jeu des mots asservir le hasard.

Mais, plus que ton beau verbe et plus que ton grand art,
J'aime ta passion d'antique poésie,
Et cette téméraire et sainte fantaisie
D'être un nouvel Orphée aux hommes nés trop tard.

Ah! depuis que les cieux, les champs, les bois et l'onde
N'avaient plus d'âme, un deuil assombrissait le monde,
Car le monde sans lyre est comme inhabité!

Tu viens, tu ressaisis la lyre, tu l'accordes,
Et, fier, tu rajeunis la gloire des sept cordes,
Et tu refais aux dieux une immortalité.

A THÉOPHILE GAUTIER

Sonnet

Maître, qui du grand art levant le pur flambeau,
Pour consoler la chair besoigneuse et fragile,
Rendis sa gloire antique à cette exquise argile,
Ton corps va donc subir l'outrage du tombeau !

Ton âme a donc rejoint le somnolent troupeau
Des ombres sans désirs, où l'attendait Virgile,
Toi qui, né pour le jour d'où le trépas t'exile,
Faisais des Voluptés les prêtresses du Beau !

Ah ! les dieux (si les dieux y peuvent quelque chose)
Devaient ravir ce corps dans une apothéose,
D'incorruptible chair l'embaumer pour toujours ;

Et l'âme ! l'envoyer dans la Nature entière,
Savourer librement, éparse en la matière,
L'ivresse des couleurs et la paix des contours !

AUX POÈTES FUTURS

Sonnet

Poètes à venir, qui saurez tant de choses,
Et les direz sans doute en un verbe plus beau,
Portant plus loin que nous un plus large flambeau
Sur les suprêmes fins et les premières causes;

Quand vos vers sacreront des pensers grandioses,
Depuis longtemps déjà nous serons au tombeau;
Rien ne vivra de nous qu'un terne et froid lambeau
De notre œuvre enfouie avec nos lèvres closes.

Songez que nous chantions les fleurs et les amours
Dans un âge plein d'ombre, au mortel bruit des armes,
Pour des cœurs anxieux que ce bruit rendait sourds;

Lors plaignez nos chansons, où tremblaient tant d'alarmes,
Vous qui, mieux écoutés, ferez en d'heureux jours
Sur de plus hauts objets des poèmes sans larmes.

LA FRANCE

SONNETS

LA FRANCE

SONNETS

I

Qu'est-ce que la patrie? Est-ce un refuge heureux?
Quelque molle oasis, à notre goût ornée,
Que par caprice un jour nous nous sommes donnée,
Où se parlent d'amour la terre et l'homme entre eux?

Non, la patrie impose et n'offre pas ses nœuds;
Elle est la terre en nous malgré nous incarnée
Par l'immémorial et sévère hyménée
D'une race et d'un champ qui se sont faits tous deux.

De là vient qu'elle est sainte et cruellement chère,
Et que, s'il y pénètre une armée étrangère,
Cette vivante injure aux entrailles nous mord,

Comme si, dans l'horreur de quelque mauvais songe,
Chaque fois que sur elle un bataillon s'allonge,
On se sentait hanté par les vers comme un mort.

II

Tous les vaincus d'hier n'ont pas l'air soucieux :
J'en vois, ils me font peur, qui parlent de revanche
Avant que la patrie, encore pâle, étanche
Tout le sang que ses fils devaient dépenser mieux ;

Je les vois, caressant leur lèvre au poil soyeux,
Des croix sur la poitrine et de l'or à la manche,
Le poing superbement appuyé sur la hanche,
Quêter comme autrefois les regards des beaux yeux.

Ah! ceux-là, je le sais, depuis que la frontière
Est, comme une blessure, ouverte tout entière,
De leurs généreux corps sont prêts à la couvrir ;

Mais quelles nuits d'étude, ô braves, sont les vôtres?
Ou seriez-vous trop fiers pour apprendre des autres
A tuer aussi bien que vous savez mourir?

III

Les noms des vieux combats où nous avons vaincu,
Près de ces fleuves, Rhin, Moselle, Sambre, Meuse,
Dont jusques à la mer l'onde par nous fameuse
Ne nous semblait baigner qu'un empire exigu,

Ces noms dont notre gloire a si longtemps vécu,
Je ne peux les entendre aujourd'hui, je leur creuse
Une tombe en mon cœur, muette et ténébreuse ;
Leur beau son me fait mal comme un sarcasme aigu.

A ces noms, chauds encore, étourdiment s'enflamme
L'aiglon que chaque enfant porte, chez nous, dans l'âme,
De la ruse et du nombre insensé contempteur.

France, la craie en main, sur un tableau d'école,
Construis, sans vanité, la longue parabole
Que promet la justice au boulet rédempteur.

IV

Les races à déchoir tardent plus qu'on ne croit :
D'héroïques aïeux, dans le sang de chaque homme,
Ont amassé longtemps des vertus dont la somme
Patiemment accrue avec lenteur décroît.

Sur le front de Caton siégeait l'orgueil du droit,
L'âpreté du vouloir, la prudence économe,
Et plus d'un rustre encor dans les faubourgs de Rome
Porte haut ce front court solidement étroit.

Quand, debout et pensive, à mes yeux se découvre
La foule des grands morts qui couronne le Louvre,
J'y regrette, honteux, l'ancien peuple français ;

J'en pleure la figure et l'âme disparues,
Et soudain je les trouve éparses dans les rues
Sur les plus humbles fronts que je méconnaissais.

V

Oui, grands morts, dans vos fils vous êtes descendus
De ces formes de pierre où votre vieux génie
Dort dans la vérité, sous la voûte infinie ;
A la France pourtant vous n'êtes pas rendus :

Votre âme en nous languit veuve de ses vertus,
Dans nos corps énervés votre sang se renie,
Et votre type en nous perd sa mâle harmonie,
O vous, fermes esprits de fermes chairs vêtus !

Car plus d'un fils indigne outrage dans son être
Le fantôme égaré d'un magnanime ancêtre
Qui meurt autant de fois qu'il a laissé d'enfants ;

Et plus d'un, votre égal, noué par l'ignorance,
Promène d'un penseur la stérile apparence
Où vous ne renaissez qu'ensevelis vivants.

VI

Tout le peuple passé marche et rêve en ces corps
Qui vont dans l'ignorance et l'oubli de leurs âmes,
Vains rejetons sevrés des mûrissantes flammes
Qui font jaillir la sève en richesse au dehors ;

Viennent les justes lois, mères des justes sorts,
Relever tant de fronts plus ténébreux qu'infâmes,
Viennent les fortes mœurs, comme de puissants blâmes,
Dans les cœurs dégradés secouer le remords !

Et l'on verra surgir de ces tombes mouvantes
La pensée et la force, à tout jamais vivantes,
Des grands hommes d'hier qui n'y sont qu'assoupis,

Comme, entière toujours en dépit des années,
L'immortelle vigueur des gerbes moissonnées
Passe, malgré l'hiver, en de nouveaux épis.

VII

Comme un astre ébauché par ses propres tourments,
Pour se faire une écorce habitable et qui dure,
Disloque mille fois sa grande architecture
Sans perdre une vertu de tous ses éléments,

De même, en son chaos de décombres fumants,
La France, qui se cherche une assise future,
Bouleverse ses mœurs sans changer sa nature;
Elle n'a rien perdu de ses divins ferments!

Je compte avec horreur, ô France, dans l'histoire
Tous les avortements que t'ont coûté ta gloire;
Mais je sais l'avenir qui tressaille en ton flanc.

Comme est sorti le blé des broussailles épaisses,
Comme l'homme est sorti du combat des espèces,
La suprême cité se pétrit dans ton sang.

VIII

Pourtant, s'il faut qu'un jour, à force de revers,
Ce peuple illustre porte, écrasé par un autre,
Le deuil des vérités dont il s'est fait l'apôtre
Et dont l'aube orageuse éblouit l'univers;

Si le monde, aveuglé d'homicides éclairs,
Fait sa gloire des pleurs qu'il arrache à la nôtre,
Hé bien! que sur la France il se rue et se vautre,
De son dernier soupir elle emplira les airs.

Imitant la revanche éternelle d'Athènes
Dont l'âme, inaccessible au viol des capitaines,
S'exhale vierge encor de ses marbres épars;

Et chacun baisera, pour y puiser l'exemple,
Le beau front de la morte, où, comme au front d'un temple,
L'homme a gravé ses droits sous le laurier des arts.

IX

Vous qui, des beaux loisirs empruntant les beaux noms,
Revêtez l'Idéal d'une forme qui touche,
Où fuirez-vous l'Europe, ô Muses qu'effarouche
Le tonnerre insultant des stupides canons?

Vous ne porterez pas vos fiers et frêles dons
Aux peuples d'outre-mer dédaigneux de leur souche;
Partout l'abeille attique a déserté la bouche;
Vous laisserez la vie errer seule à tâtons.

Ah! du moins renouez votre céleste ronde
Sur l'invisible Pinde où l'élite du monde
Se range sans drapeaux pour vous tendre la main.

J'ai beau faire, j'émigre où s'enfuit la concorde;
Je tiens de ma patrie un cœur qui la déborde,
Et plus je suis Français, plus je me sens humain.

X

Mais, hélas! en montant, je vois les morts en bas.
Que dit la fixité de leur froide prunelle?
L'oubli supérieur dans la paix éternelle?
Ou l'appel immuable à d'éternels combats?

O morts! révélez-nous la leçon du trépas.
La Jeunesse, qui porte un monde vierge en elle,
Attend sur vos tombeaux, comme une sentinelle,
Le mot d'ordre à venir qu'on ne lui donne pas.

L'aveugle hérédité des haines l'humilie,
Mais elle se sent lâche aussitôt qu'elle oublie :
Comme elle craint sa fougue, elle craint la torpeur.

Morts, ne la trompez pas sur votre vœu suprême ;
Parlez, inspirez-lui, pour la vengeance même,
De grandir simplement sans reproche et sans peur.

LA RÉVOLTE
DES FLEURS

LA RÉVOLTE
DES FLEURS

A COQUELIN CADET

I

La Rose dit un jour en pleurant : « Je m'ennuie !
Mon beau temps est fini. L'homme a fait l'air impur,
L'haleine des cités me dérobe l'azur
Et le zéphyr m'apporte une âcre odeur de suie.

« Plus de claires villas dans l'air libre, en pleins champs
Partout des murs, partout de la pierre et de l'ombre,
Partout un pavé dur qu'à flots pressés encombre,
Tumultueux et triste, un peuple de marchands.

« Ah ! qu'ils sont loin les jours où l'aspect d'une acanthe
Inspirait leur parure aux frustes chapiteaux,
Où les fins ouvriers des plus rares métaux
M'empruntaient les contours d'une coupe élégante !

« J'aidais l'amant à vaincre ; il achète à vingt ans
Le plaisir sans pudeur d'un baiser sans prière,
Et l'amante confie aux doigts d'une ouvrière,
Pour fleurir ses cheveux, le travail du printemps.

« Je ne suis plus au bal qu'un luxe de commande,
Je ne couronne plus les fronts dans les banquets ;
Même aux fêtes des morts, combien peu de bouquets
Sont cueillis par les mains qui leur en font l'offrande !

« Chez des êtres blasés, brutaux ou dissolus,
Je règne sans grandeur comme une courtisane.
L'art grossier me trahit, l'amour vil me profane,
On me cultive encore, on ne m'honore plus ! »

Sa plainte, qu'entendaient ses voisines compagnes,
Courut de proche en proche, éparse en les campagnes
Au gré des vents, des flots, des insectes ailés ;

Le peuple tout entier des tisseuses de soie,
Des parfileuses d'or que le printemps emploie,
Sentit ses vieux griefs soudain renouvelés.
Déjà les fleurs au cœur fragile, mais superbe,
Souffraient de voir que l'homme eût au moindre brin d'herbe
Ravi la liberté de croître à sa façon,
Qu'il eût borné partout leur antique horizon;
Elles pleuraient encor les oasis natales,
Le temps prodigieux des splendeurs végétales,
Avant qu'il eût partout mis leurs droits en péril,
Quand, au sauvage essor d'un gigantesque Avril,
Des continents entiers leur servaient de corbeilles :
« Maudits les arts nouveaux et leurs tristes merveilles
Par qui tous les bonheurs sont ici-bas troublés ! »
Répéta hautement cette fleur que les blés
Dans les frissons errants de leur cime qui bouge
Roulent comme un lambeau de quelque écharpe rouge,
L'ardent coquelicot, prince des fleurs des champs,
En qui l'air pur et libre a mis de fiers penchants !

  « Nos parures sont assorties
  A des goûts que l'homme n'a plus,
  O mes sœurs, jetons aux orties
  Tous ces falbalas superflus.

« Ne gardons que le nécessaire,
Les étamines, le pistil.
Une corolle ! pourquoi faire ?
Mieux vaut pour l'homme un grain de mil ;

« Retirons-lui, dons inutiles,
Nos parfums et nos coloris ;
Que des choses qu'il dit futiles
Il apprenne à sentir le prix ! »

C'est ainsi que parla le rustre à sa manière.
Ce discours, acclamé de la gent printanière,
Fut goûté de la Rose ; on jura sans délai
De clore l'atelier des toilettes de Mai.

II

Le serment fut tenu. Bientôt toute la flore
Vêtit en plein soleil une pâleur d'hiver ;
Sous le terne tapis d'un Avril incolore
Le sol semblait morose et nu comme la mer.

Oh! quel trouble pour vous de ne plus voir, abeilles,
Les fleurs de cette année aux anciennes pareilles!
N'ayant plus, dans les champs, à votre vol rôdeur
Leur éclat pour signal, pour guide leur odeur,
Vous exploriez en vain les prés et les charmilles,
Et l'on vous vit autour des enfants et des filles,
Sur leurs lèvres de rose et leurs cheveux dorés
Quêter l'exquis butin que vous élaborez.
Et vous fîtes aussi cette étrange méprise,
Insectes fins dont l'aile au ciel de Mai s'irise,
Libellules, et vous, papillons bleus ou blancs,
Vous hésitiez, pareils à des baisers tremblants,
Prenant pour un bluet que la rosée inonde,
L'œil humide et naïf de quelque vierge blonde;
Vous fûtes étonnés vous-mêmes, ô zéphyrs!
D'effleurer des gazons sans perles ni saphirs;
Vos souffles réclamaient tant d'étoiles éteintes
Et vos molles rumeurs passaient comme des plaintes.
Aurore, dont les yeux, entr'ouverts les premiers,
Allumaient tendrement la blancheur des pommiers,
Comme la pudeur monte à la joue innocente,
Tu cherchas du regard cette blancheur absente,
Et triste d'un réveil sans le bonjour des fleurs,
Sur le champêtre deuil tu parus fondre en pleurs.

Et toi, soleil couchant où montait de la terre
Leur adieu parfumé, tu sombras solitaire,
En déployant ta pourpre avec plus de langueur,
Comme si tu saignais d'une blessure au cœur.

Cet accident d'abord n'émut pas trop les hommes.
Il donna quelque alerte aux prudents agronomes,
Mais, quand on reconnut que cette nouveauté
N'avait aux fleurs ravi que leur vaine beauté,
Sans frustrer d'un bouton l'espoir de la récolte,
On rit de leur naïve et bénigne révolte.
Pourtant un léger trouble, un malaise de l'œil,
Glissait déjà dans l'âme un insensible deuil.
Au mois de Mai suivant, les plantes obstinées
Verdirent sans parure, et pendant trois années,
En dépit des savants qui ne comprenaient pas,
Et de maint esprit fort qui s'alarmait tout bas,
La campagne resta lugubre et monotone,
Et le morne printemps semblait un autre automne.

C'est qu'il n'est de belle saison
Que par la grâce enchanteresse
Émanant de la floraison
Et de sa subtile caresse.

Dans l'air candide, où les senteurs
Flottent comme une extase errante,
Il semble que l'âme souffrante
Ne sente plus ses pesanteurs;

Elle subit l'intime empire
D'un baiser céleste, reçu
De toutes parts à son insu
Comme un bonheur qui se respire.

Ah! ce ravissement divin,
C'est une trêve dans l'année
Pour la race humaine, sans fin
Aux rudes labeurs condamnée.

La facile moisson des fleurs
Baise les mains endolories,
Et, portant l'âme aux rêveries,
Force au repos les travailleurs.

Les fenêtres des jeunes filles
S'ouvrent à l'arome des bois,
Qui, ralentissant les aiguilles,
Les fait glisser du bout des doigts.

S'il tressaille une giroflée
Au vieux mur qu'on va démolir,
La pioche en est un peu troublée
Et conseille au bras de mollir.

Le faucheur dont le front ruisselle,
Sur sa faux, au bord du sillon,
S'accoude, en suivant la querelle
D'un bluet et d'un papillon.

Quand le pêcheur voit dans l'eau vive
Se mirer un myosotis,
Son filet flotte à la dérive,
Son rêve au cours du temps jadis.

Le long regard d'une pensée
Qui s'ouvre, au soleil, en rêvant,
Et se berce, au vent balancée,
Invite au songe le savant.

Ainsi, la plus simple fleurette
Du devoir fléchit la rigueur,
Et, selon chacun, parle au cœur
Du bonheur qu'il cherche ou regrette.

III

La révolte durant depuis trois ans déjà,
Bientôt le regret vague en besoin se changea.
L'obsédant souvenir du beau temps des calices
Des labeurs de la vie avait fait des supplices;
Chacun, toute l'année, attelant sans répit
Ses mains à son outil, son front à son problème,
Travaillait d'un air morne et comme avec dépit.
Plus de fête : sans fleurs la joie est sans emblème;
Avec l'éclosion le sourire avait fui;
Tous s'ennuyaient : l'ennui s'engendre de l'ennui.

On eût pour une fleur vivante
Donné le plus riche grenier,
La rançon d'un roi prisonnier.
On mit tous les herbiers en vente.
On se disputait un lambeau
D'un lis jaune et mélancolique,
Exhibé dans son froid tombeau
Comme une adorable relique.

On s'arracha même un bouquet,
Chef-d'œuvre oublié d'un fleuriste;
Mais ce simulacre était triste :
Une âme inconnue y manquait.
On chercha sur la terre entière,
Avec l'espoir de tromper mieux
Le regret du cœur et des yeux,
Pour l'art le plus ingénieux
La plus délicate matière.
Les tisserands surent créer
Des guirlandes avec adresse,
Mais, si bien que la main les tresse,
L'art peut-il jamais suppléer
Ce qu'Avril y met de tendresse?
Les joailliers à leurs étaux
Taillaient dans les rares métaux
Et dans les pierres précieuses
Quelques couronnes spécieuses,
Mais ni légères ni soyeuses,
Et sentant l'acier des marteaux;
On y pendait de fausses larmes,
Un insecte bien imité,
Mais ces fleurs n'avaient point de charmes,
N'ayant pas de fragilité.

La démence fut telle à la cinquième année,
Que la foule vaguait stupide ou forcenée.
Les uns, à deux genoux, subitement dévots,
Imploraient du soleil les anciens renouveaux ;
Les autres blasphémaient, péroraient sur les places,
Et soufflaient, sans motif, l'émeute aux populaces.
« Des fleurs ! des fleurs ! » criait la foule aveuglément.
Puis, cette fièvre éteinte, un vaste accablement
Fit taire la révolte et l'espérance même,
Et sur l'humanité le spleen muet et blême
Comme un linceul immense étendit son brouillard.

IV

Or, en ces jours vivait un étrange vieillard :

    Parmi l'active multitude
    Qui le coudoyait en courant,
    Il poursuivait indifférent
    Du beau sacré l'intime étude ;
    Comme dans l'azur un duvet,

Sa pensée errait solitaire,
Dernier poète sur la terre,
  Il rêvait.

Songeant à la fortune antique
Des vers oubliés, et parfois
Dérobant au récent patois
Des épaves du verbe attique,
Pris d'un vaste et lointain regret
Mêlé d'envie involontaire,
Dernier poète sur la terre,
  Il pleurait.

Nuls bruits d'usines ou de rues
N'étouffaient l'hymne intérieur
Qui, le jour, emplissait son cœur;
Et, les étoiles apparues,
A l'heure où le monde se tait,
Son cœur seul ne se pouvant taire,
Dernier poète sur la terre,
  Il chantait.

Étranger dans l'âpre mêlée
Des égoïsmes dévorants,

Où se ruaient petits et grands
Ainsi qu'une meute affolée,
Souriant à qui l'opprimait,
Dans la douleur et le mystère,
Dernier poète sur la terre,
Il aimait.

Il aimait, et devant la campagne chagrine
Où les cités semblaient dans la mort s'accroupir,
Sa piété débordant, un suppliant soupir
A la rose adressé, sortit de sa poitrine :

« Oh ! reviens présider tous les arts de la paix,
Reviens, comme autrefois, mêlée au simple lierre,
Orner les piédestaux des figures de pierre
Et parer noblement le seuil des hauts palais.

Reviens aussi régner dans les humbles demeures,
Apporter chez le pauvre un sourire d'espoir,
D'un peu de ta rosée attendrir son pain noir,
Embaumer son travail et colorer ses heures.

Reviens servir encor de modèle au pinceau,
De symbole à l'amour et de parure aux femmes ;

Reviens ouïr encor d'harmonieuses gammes
Courir, pour te chanter, aux sept trous d'un roseau.

Comme au temps des aïeux, reviens enguirlander
Les harnais de la vie et ses jougs nécessaires,
Et fêter, comme alors, les saints anniversaires,
Tous les chers souvenirs consolants à garder.

Ah! c'est encore aux fleurs, dont la grâce est promesse,
De couronner au seuil les destins commencés,
Présage aux fronts des morts d'éternelle jeunesse,
Augure de beaux jours aux fronts des fiancés. »

Et pendant qu'il chantait, ainsi qu'au temps d'Orphée,
On vit se balancer en cadence les bois
Sous l'effort palpitant de leur âme étouffée,
Et voici qu'un rosier s'attendrit à sa voix.
La Rose, à cette voix qui la flatte et l'implore,
Sent fléchir sa rancune et résiste à demi ;
Ce qu'au long deuil du monde elle refuse encore,
Elle l'accorde au chant de son antique ami,
Et le frisson qui court dans la royale plante
Fait rouler sur sa tige une larme tremblante ;

Puis, ô merveille! on voit un bouton tressaillir,
De son corset ouvert la corolle jaillir
Par une éclosion jusqu'alors inouïe,
D'un seul jet, radieuse et tout épanouie,
Comme si la captive, en forçant sa prison,
Réclamait dix printemps à la même saison.
Sitôt que la nouvelle eut volé dans la foule,
L'enthousiasme au ciel, comme une énorme houle,
Souleva tous les cœurs, fondus dans un seul cri :

    La rose a refleuri!
  A l'instant toutes ses compagnes,
  Fleurs des plaines, fleurs des montagnes,
  Fleurs des étangs et fleurs des bois,
  Émaillant soudain les campagnes,
  S'épanouissent à la fois!
  Voilà dans les vastes prairies
  Les tribus du soleil chéries :
  Les sainfoins, les coquelicots,
  Les bluets et les renoncules,
  Les clochettes des campanules,
  Les reines des prés, les pavots
  Aux couleurs vives et joyeuses!
  Et, plus graves, les scabieuses

Faites d'un ténébreux velours ;
Les boutons d'or, les pâquerettes,
Les marguerites, fleurs d'amours,
Et celles qu'on nomme amourettes,
Frêles et frémissant toujours ;
Voilà les menthes, les verveines,
Et les lavandes et les thyms,
Dont les salutaires haleines
Embaument l'air frais des matins ;
Et vous qui décorez la haie,
Qui rajeunissez le vieux mur,
Étoiles de neige ou d'azur
Dont le sentier perdu s'égaie :
Clématites et liserons,
Aubépines, iris, éclaires,
Joubarbes et pariétaires,
Encor, encor nous vous suivrons
Dans les ruines solitaires !
Et vous, dans les forêts encor,
Anémones, douces pervenches,
Perce-neige roses ou blanches,
Blancs troènes et genêts d'or !
Salut aussi, fleurs coutumières
Des coteaux et des sablonnières,

Lieux aimés des songeurs errants,
Cistes, serpolets odorants,
Verts résédas, roses bruyères!
Salut, amantes des lieux frais,
Simples et tendres véroniques,
Beaux narcisses mélancoliques,
Myosotis aux longs secrets!
Salut, nénuphar dont l'œil rêve
Sous le dais tremblant des roseaux,
Nymphéas pâles, où la sève
Semble dormir à fleur des eaux!
Vous enfin dont les rares types
Sont l'œuvre et l'honneur des jardins :
OEillets suaves aux tons fins,
Et vous, flamboyantes tulipes,
Lys impeccables, dalhias
Orgueilleux, purs camélias,
Flammes rouges des plantes grasses,
Salut, princesses de l'été,
Ah! pour rendre à l'humanité,
Aux cœurs souffrants, aux têtes lasses,
Peuple des fleurs tant regretté,
Toutes tes fraîcheurs et tes grâces,
Te voilà donc ressuscité!

Au devant de la flore innombrable qui perce,
La foule, à travers champs, s'élance et se disperse.
Comme aux douceurs du jour ouvrant des yeux nouveaux,
Se culbutent les faons et les jeunes chevaux,
Se cabrant, se roulant, et par mille gambades
Adressant au soleil de fantasques ruades,
Tête au vent, pieds en l'air, affolés, enivrés
De la grasse mollesse et du bon goût des prés,
Ainsi sur les tapis que la terre déploie
Toute l'humanité danse et bondit de joie!
Jeunes et vieux, le cœur débordant, l'œil ravi,
Sur les tendres massifs se ruant à l'envi,
S'ébattent dans les fleurs, s'y terrassent l'un l'autre;
On y plonge et replonge; on s'y roule, on s'y vautre;
On dirait qu'un matin Cybèle, à son réveil,
Fait danser ses enfants dans sa robe au soleil!
Que de rires éveille et de soupirs étouffe
La molle profondeur de chaque large touffe!
Que de bruyants baisers et de joyeux appels!
Que d'étreintes d'amours et d'élans fraternels!
Et voici que dans l'air, spontanément unies,
Les voix ont réveillé l'essaim des harmonies;
Sous des milliers de mains pillant partout les fleurs,
Revit dans les bouquets le concert des couleurs;

Dans mille arcs triomphaux, à festons de verdure,
Renaît, en souriant, l'auguste architecture;
Tous les arts créateurs de grâce et de beauté,
Avec une hardie et simple nouveauté,
Pour les sens et le cœur ressuscitent ensemble!
O fleurs! puisse longtemps votre annuel retour,
Par qui le soir du monde à son aube ressemble,
Rajeunir l'idéal et raviver l'amour!

POÉSIES DIVERSES

POÉSIES DIVERSES

LE POINT DU JOUR

C'est l'heure indécise où l'aurore
Annonce son prochain retour
Plus à l'âme qu'aux yeux encore,
Quand il ne fait ni nuit ni jour;

Il semble que la terre épie
L'imminent baiser du soleil;
C'est comme un arrêt dans la vie,
Un subit effroi du réveil.

Des hiboux et des rôdeurs traîtres
L'appel vague et rare a cessé,
Mais la rumeur de tous les êtres
N'a pas encore commencé;

A peine un coq s'est fait entendre,
A peine fume un premier feu
Dans le ciel humide et si tendre
Qu'on ne sait s'il est blanc ou bleu;

Sur la route flotte et s'allonge
Un lambeau d'errante vapeur
Qui semble en fuite comme un songe
A qui la lumière a fait peur:

La rosée, où ne s'illumine
Pas encore un seul diamant,
Sous une gaze blême et fine
Ensevelit le pré dormant;

Comme un miroir de fiancée
Où tremblent des reflets de lis,
L'eau des ruisseaux est nuancée
Par la nacre des cieux pâlis.

En souriant à ses voisines,
Une fille aux yeux entr'ouverts
S'éveille dans les capucines
De sa fenêtre aux volets verts.

Mais un souffle léger s'élève :
Au brusque éclat du jour vainqueur
L'horizon tressaille et se crève,
Et tous les nids chantent en chœur !

Et là-bas sur la glèbe rose
D'où l'alouette prend l'essor,
Marchent dans une apothéose
Des bœufs de pourpre aux cornes d'or !

ADIEUX

DE Mme ARNOULD-PLESSY

A LA COMÉDIE-FRANÇAISE

La douleur de l'adieu m'est par vous embellie,
Mais, en abandonnant cette scène à jamais,
Pourrais-je déserter comme un toit qu'on oublie,
Sans un mot de tendresse et de mélancolie,
Sans filial soupir, la maison que j'aimais?

Nous avons tant de fois fêté Molière ensemble,
Tant de fois vos regards cléments m'ont fait oser
Quand j'épelais ses vers comme un écho qui tremble;
Je vous ai tant montré mon âme, qu'il me semble
N'avoir plus, en partant, de masque à déposer!

Les heures d'idéal, les seules fortunées,
Je vous les dois ; j'aurais à renaître aujourd'hui,
Je choisirais encore entre les destinées
Celle où les visions peuvent être incarnées,
Où le cœur bat toujours avec le cœur d'autrui.

Tout le deuil est pour moi qui m'en vais solitaire.
Pour vous, les soirs passés auront des lendemains.
Le temps ne force pas les chefs-d'œuvre à se taire,
Des flambeaux du génie humble dépositaire
Ma main lasse les cède à de plus jeunes mains.

Du moins je viendrai voir, au travers de mon voile,
Si l'ancien feu sacré luit toujours sur l'autel,
Et, palpitante encore aux frissons de la toile,
Applaudir avec vous plus d'un lever d'étoile,
Car la France est féconde et l'art est immortel.

A ERNESTO ROSSI

Sonnet

Quand le monde réel m'est un trop lourd fardeau,
Je voudrais bien m'en faire un autre à mon usage
Et, comme toi, muant mon âme et mon visage,
Devenir un autre homme au lever du rideau ;

Agiter, tout un soir, plus fort, plus grand, plus beau,
Le fantôme évoqué d'un héros et d'un âge,
Dussé-je, aveuglément fidèle au personnage,
Le rideau descendu, le suivre en son tombeau.

Je ne le puis. Jamais le rôle que je rêve,
Dans l'espace où l'on marche et parle, ne s'achève,
Et l'espace où l'on rêve est si près du néant !

Par tes créations, tu vis plus d'une vie,
Mais moi je n'en ai qu'une et l'épuise en créant.
C'est pourquoi le poète, en t'admirant, t'envie.

A PROPOS DE LA COMÉDIE

DE M. E. GONDINET

LES GRANDES DEMOISELLES

Jouée dans un salon

PROLOGUE

Prenez pitié de moi, mesdames et messieurs,
Car jamais directeur ne fut plus soucieux.
Voyez comme le sort est parfois ironique :
J'avais toujours rêvé d'avoir un fils unique,
Un garçon sérieux et sûr qui pût m'aider,
Et dans ma tâche ingrate un jour me succéder;
Mais voilà qu'en vingt ans il m'est né dix-huit filles!

Le ciel bénit, dit-on, les nombreuses familles :
Il a certes béni mes dix-huit rejetons,

Car il les a doués des plus aimables dons,
D'innocence, de grâce et d'esprit tout ensemble ;
Ma famille en un mot de tous points me ressemble.
Mais, pour un directeur, se sentir sur les bras
Tant d'actrices en herbe est un gros embarras ;
Plusieurs sont aujourd'hui de grandes demoiselles.
Quelle troupe à garder ! (mes filles sont si belles !)
C'est à perdre l'esprit, quand on est, comme moi,
Assailli de ténors qui cherchent de l'emploi.
Je tâche d'accorder la morale et la scène ;
Mais déjà la cadette a, dans les Célimène,
Un jeu si naturel que j'en suis effrayé !
Bon père, je ne suis directeur qu'à moitié :
Malgré moi, leur succès trop précoce m'alarme,
Ne me les gâtez pas ! Si leur talent vous charme,
Mesdames et messieurs, de grâce restez froids,
Gardez-vous d'applaudir, surtout aux bons endroits ;
Ménagez leur fragile et tendre modestie,
Trompez-les pour leur bien : si dans la repartie
Quelqu'une hasardait un brin de sentiment,
Sifflez-la, je vous prie, impitoyablement.

Le pire ennui pour moi, c'est qu'on ne trouve guères
Des pièces où placer dix-huit jeunes premières !

Une intrigue amenant à la fois, dans un jour,
Pour dénoûment dix-huit mariages d'amour,
C'est presque invraisemblable en ce siècle d'affaires.—
Mais toutes ont horreur des rôles plus sévères.
Je les raisonne en vain, je n'en puis décider
Aucune, pour l'amour de l'art, à se rider.
Aussi vous montrerai-je, en dépit de l'usage,
Des filles possédant des mères de leur âge,
Mais, comme les printemps sont toujours bien reçus,
Vous aurez la bonté de passer là-dessus.
Tout le reste ira bien. Ma troupe sans rivale
Saura faire oublier les défauts de la salle :
La scène est peu profonde et le plancher trop bas,
Vous verrez de plus près, ne vous en plaignez pas...
Enfin, si par ce temps d'alarmes et de fièvres,
Le rire d'autrefois est banni de vos lèvres,
S'il n'y doit revenir qu'en des jours moins troublés,
Souriez seulement, nos vœux seront comblés.

    Avril 1872.

LA CHARITÉ

Sonnet

A PAUL DUBOIS

Le statuaire a fait d'un sépulcre un autel
Aux vertus de notre âge ; il a, dans la matière,
De la race moderne imprimé l'âme entière,
Afin qu'il en restât un symbole immortel !

L'antiquaire futur, dont le pieux appel
Fera de notre cendre émerger cette pierre,
Dira : « La femme alors avait cette paupière,
Et telle fut sa grâce, et son rôle fut tel.

Aux siècles orageux dont ce témoin subsiste,
Elle eut cette tendresse enveloppante et triste,
Unique abri du faible et du déshérité.

Le genre humain n'a dû, pendant sa longue enfance,
Le lait et le sommeil qu'à l'humble Charité :
Seule, avant la Justice, elle a pris sa défense. »

SUR SIX MÉDAILLONS

DU STATUAIRE H. CHAPU

I

Levant au ciel ses yeux pleins des divines fièvres,
Le Poète qui chante est près de fuir le sol,
Et l'essor entraînant de l'hymne sur ses lèvres
Imprime à tout son corps la courbure du vol.

II

Explorant l'infini sans déserter la terre,
Le Savant, scrutateur de l'abîme étoilé,
Élève son flambeau jusqu'au plus haut mystère,
Et dans son livre ouvert le montre dévoilé.

III

L'Architecte, debout, armé de ses équerres,
Le pied sur une acanthe et les bras étendus,
Imposant l'ordre aux blocs savamment suspendus,
Prête un sourire auguste à la froideur des pierres.

IV

L'ardent Musicien, rivé d'âme et de corps
Au violon palpitant que son archet caresse,
Les doigts crispés, les yeux presque souffrants d'ivresse,
Semble expirer au charme irritant des accords

V

Le Peintre vers Phœbus où radieuse éclate
L'ardeur qu'à sa palette il demandait en vain,
Se tourne, et, ravivant sa brosse au feu divin,
L'y trempe d'une main hardie et délicate.

VI

A la hauteur des dieux soulevé dans l'éther,
Le Sculpteur, qui médite une immuable forme,
Pour temple à sa pensée, en un paros énorme
Cisèle à tour de bras un front de Jupiter.

LA NATURE ET LA TRADITION

CARIATIDES PAR LE MÊME

Sonnet

L'une aux cheveux flottants sous la rose et le lis,
Laissant rire à ses pieds le faune, aïeul de l'homme,
De son corps qui respire une verdeur de pomme,
Déploie ingénument les contours bien remplis.

L'autre aux cheveux tressés, drapée à larges plis,
Des chefs-d'œuvre de l'art trésorière économe,
Composant sa beauté des types qu'on renomme,
Offre aux yeux plus savants des traits plus accomplis.

Mais je ne sais des deux laquelle je préfère,
Laquelle est à mon cœur plus sacrée et plus chère,
Elles ont toutes deux la grâce et la fierté ;

Dans mon culte pieux l'une est à l'autre unie ;
Au front orné de fleurs j'aime la liberté,
Au front ceint du bandeau j'admire le génie.

LES FUNÉRAILLES DE M. THIERS

IMPRESSION

Si quelque ancien Romain, comme un fantôme austère,
    A Paris fût hier venu,
Soudain ressuscité dans ce lieu de la terre
    Dont le nom lui fût inconnu,
Et qu'il eût vu passer ces grandes funérailles,
    La foule accourue au devant
S'ouvrir sur leur passage en deux longues murailles,
    Qui se mêlaient en les suivant !
S'il eût vu tous les pleurs de la Liberté veuve,
    Sur nos boulevards trop étroits,
Par la mort confondus offrir la paix en preuve
    De la solidité des droits !
Et s'il eût vu fleurir l'hommage des provinces

   Et des villes sur le cercueil,
Il eût cru d'un arbitre et d'un dompteur de princes,
   D'un consul, voir mener le deuil.
Comment, devant la noble et tranquille attitude
   De tant d'hommes unis sans roi,
Eût-il imaginé que cette multitude
   Eût d'autres souverains que soi !
Car notre liberté n'est pas une ivrognesse
   Qu'on ramasse au bord du chemin,
Une femme qu'un cri de mort met en liesse,
   Qui mêle de sang son carmin.
C'est une auguste mère aux prodigues mamelles,
   A la voix calme, aux purs appas,
Qui, levant pour drapeau *l'azur de ses prunelles,*
   Conquiert le monde pas à pas ;
Enseigne à lire au peuple, innocent des mêlées
   Où l'ont entraîné les tambours !
A l'horreur de la poudre, exècre les volées
   Des cloches et des canons sourds,
Qui ne prend ses amours qu'en la plus juste race
   Et n'accorde son chaste flanc
Qu'aux hommes francs comme elle, et qui veut qu'on l'embrasse
   Avec des bras vierges de sang.
Il se fût écrié : « Quel est ce deuil sublime ?

Quel père illustre honore-t-on?
Quelle est cette cité qu'un même culte anime?
  J'en voudrais connaître le nom.
Quand un grand citoyen meurt plein d'ans et de gloire
  Chez un peuple uni, sage et fort,
Tous les cœurs à la fois vénèrent sa mémoire
  Et pleurent à la fois sa mort;
Ceux mêmes que naguère, aux rostres, aux comices,
  Il a combattus, non trahis,
Disent que ses erreurs autant que ses services
  Respiraient l'amour du pays!
Les seuls qui n'aient pour lui que du respect sans larme
  Et que rassure son sommeil,
Ce sont les étrangers que, redouté sans armes,
  Il désarmait par le conseil!
La foule, en l'escortant, l'élève au-dessus même
  Des rois sacrés qu'il a défaits,
Préférant le génie élu sans diadème
  A la majesté sans bienfaits.
D'un regret pur de crainte, adieu mélancolique,
  Le peuple entier n'est qu'assombri,
N'ayant pas à trembler pour la chose publique,
  Car le Sénat en est l'abri.
La douleur populaire en pleurs sereins déborde :

Si l'homme n'est plus aujourd'hui,
L'œuvre à jamais demeure ; on sait que la concorde
Ne peut pas périr avec lui. »
Voilà ce qu'un aïeul des familles latines,
A son insu fier de ses fils,
Eût pu dire, ignorant nos fureurs intestines
Qu'attisent de haineux défis,
Ignorant qu'à Paris, la veille, à la même heure,
Sacrilège horrible à penser !
Des Français avaient pu, devant Belfort qui pleure,
Autour du cadavre danser[1].

9 septembre 1877.

1. Allusion à un article outrageux d'un journal hostile à Thiers.

LES CAFFIERI

Sonnet

SUR LE LIVRE DE J. GUIFFREY

Dans les maîtres anciens, dont les mœurs ont péri,
L'artiste et l'artisan ne se séparent guère :
Le sculpteur sait dorer, n'estimant trop vulgaire
Aucune tâche utile à son œuvre chéri.

Tels, aux lois d'un goût sûr, les premiers Caffieri
Domptent le bronze et l'or aussi bien que la terre ;
Le dernier, consommant la lutte héréditaire,
Attaque enfin le marbre en athlète aguerri !

Mais le ciseau légué, dont il grandit l'usage,
Pour modèle prend moins les dieux au froid visage
Que les mortels épris du laurier des Neuf Sœurs ;

A l'oisive beauté, fleur d'une vie heureuse,
Il ose préférer, sur le front des penseurs,
Le pli laborieux qu'une âpre veille y creuse.

SONNET

Du passé des forêts séculaires débris,
Les feuilles mortes font, par le temps qui les ronge,
De chaque vieux sentier comme une longue éponge
Au dehors toute sèche et d'un or froid et gris.

Mais qu'on fouille au dedans : les feuillages flétris
Sont humides et chauds à la main qui s'y plonge ;
L'été des plus anciens fermente et se prolonge
Sous les derniers tombés qui leur servent d'abris.

Tel est le sort obscur des jeunesses fanées :
Le sec et froid linceul des dernières années
Cache l'amas des jours écoulés sans malheurs ;

Mais quand on plonge au fond de ce long deuil sans plainte,
On sent toujours couver des rayons dans des pleurs,
Invincible ferment de la verdeur éteinte.

LE FLEUVE ET LA RUE

Le fleuve avec de clairs murmures
Entre l'herbe et les saules fuit ;
Chacune de ses ondes pures
S'appuie à l'onde qu'elle suit ;

La rue est un fossé de pierre
Où bruit un ruisseau vivant
Dont chaque flot dans sa carrière
Marche isolé du flot suivant.

Le fleuve unit toutes ses ondes
Sous une loi qu'il accomplit ;
L'œil voit sous ses couches profondes
Luire le sable de son lit ;

Sous d'acharnés souffles de haine
S'agitent en sens différents
Tous les flots de la foule humaine ;
Il n'en est point de transparents.

Pour se désaltérer au fleuve,
Quand descend du ciel un oiseau,
Sans se mouiller l'aile il s'abreuve
D'une perle au bout d'un roseau;

Quand l'amour a soif et s'élance
Pour boire aux eaux vives des cœurs,
Il ne rencontre qu'une lance
Et le fiel méchant des moqueurs.

L'ATTRAIT DE LA TOMBE

Celui que n'ont pu soulager
Les voluptés et leur mensonge,
Rêve un linceul frais et léger
Où sa lassitude s'allonge.

Son âme, que des jours nouveaux
Ne sauraient plus rendre joyeuse,
Aspire à la paix des caveaux
Sous la pâleur de la veilleuse.

Son âme qu'aimer et penser
Vainement ici brûle et ronge,
N'aspire qu'à s'en dispenser
Par le grand somme exempt de songe.

Son âme avide de repos
Et dans tous les lits malheureuse,
Rêve pour elle et pour les os
Une alcôve infiniment creuse.

MÉTAMORPHOSES

O Nature, creuset des choses,
Être homme est un ingrat honneur ;
Prépare aux morts quelque bonheur
Dans le flux des métamorphoses :

Que le pied qui bat les chemins,
Racine plus tard, se repose,
Et que, plus tard, se change en rose
Le creux ensanglanté des mains ;

Que, dans les fortunes nouvelles
Des couples trop tôt désunis,
Les cœurs des femmes soient des nids,
Les cœurs d'hommes des hirondelles ;

Que les fronts n'aient plus désormais
L'ombre et la honte pour compagnes ;
Qu'ils soient des plus hautes montagnes
Les radieux et fiers sommets ;

Et qu'au sortir des justes tombes
Qui nous font devant toi pareils,
Les plus pauvres soient des soleils
Et les plus méchants des colombes !

LES DESTINS

POÈME

LES DESTINS

POÈME

I

En quel temps ?... en quels lieux ?... Muse, dis où nous sommes :
En plein abîme, au temps qui précéda les hommes
Et suivit l'âge obscur, des mémoires banni,
Où l'univers ne fut qu'un orage infini...
L'ère du grand tumulte et de l'effervescence
Est close : chaque monde à son tour prend naissance,
Par le soleil qu'il cherche en paix sollicité.

Là-bas, arrondissant son dos inhabité,
La Terre se condense, encore molle et blême.

Sur elle rien ne sent, rien ne pense, rien n'aime.
Pas un souffle de vie. Il passe seulement,
Comme avant les réveils, un bref tressaillement;
Et la masse, indécise entre toutes les formes,
Oscille avec lourdeur sur ses pôles énormes.
On dirait un serpent gigantesque noué,
De force et de souplesse excellemment doué,
Mais ivre, et si repu de pâture indigeste,
Que, sa proie à la gorge, où son poids tombe, il reste.
Et cependant ses yeux roulent d'obscurs regards,
Sa poitrine oppressée exhale des brouillards,
Dans sa paralysie il tâche de se tordre,
Et son labeur profond, qui ressemble au désordre,
Enrichit lentement le flux artériel;
Jusqu'à l'heure où, dressant son col flexible au ciel,
Et sifflant, pour fêter vers la coupole bleue
Le bien-être qui court de sa tête à sa queue,
Le beau monstre bondit, prêt à combler sans fin
Par des repas nouveaux sa renaissante faim!

Pendant qu'ainsi la Terre, en apparence inerte,
Aux caprices des sorts semble une proie offerte,
Et, toute au lent travail de ses propres vertus,
Paraît ensevelie en un sommeil obtus,

Le Mal, dont le vieux zèle avidement épie,
Pour le couver, chaque astre aspirant à la vie,
Dès avant son réveil et son premier matin,
Songe à lui composer le plus sombre destin.
Le Mal!... Renonce, ô Muse, à nous rendre sensible
Sous des dehors connus sa nature indicible;
Hypocrite et divers, il se rit des portraits;
En lui donnant un corps, tu le diminûrais,
Car il siège partout, se mêle à toutes choses;
Persécuteur des lois sous les métamorphoses,
Fait de ruine, il est sans corps et sans contours.
Ne prête que le fil et l'esprit du discours,
Pour nous les dévoiler, à ses desseins occultes,
Et laisse la terreur, sombre mère des cultes,
L'incarner dans un monstre à face de démon
Sous quelque formidable et mystérieux nom.

Donc l'informe ennemi des mondes délibère,
Cherchant dans quel immense abîme de misère,
Dans quel parfait malheur, il va plonger aussi
Ce fragment de chaos à peine dégrossi.
Il fait dans sa pensée apparaître les choses
Avec leurs noms futurs avant que d'être écloses,
Et dans les avenirs possibles, mais confus,

Choisit ce qu'à la Terre il souhaite le plus.
Tout corrompre, tel est d'abord son vœu suprême :
« Que ce bloc se dissolve et croule de lui-même !
Que tout être à son poids s'y laisse succomber,
Dit-il, n'ayant surgi que pour pouvoir tomber,
N'ayant eu dans sa vie impure, oblique et lâche,
De force à déployer que pour trahir sa tâche,
Ayant souffert sans gloire et joui sans amour,
Dans l'horreur du travail et le dégoût du jour !
Oui, que cette planète à peine éclose avorte,
Et meure, juste née assez pour être morte !
Oui, que toute sa sève et ses germes confus,
Honteusement frustrés à leurs canaux prévus,
Consomment d'inféconds et sinistres incestes
Dont les fruits viciés n'engendrent de leurs restes
Que la corruption ! Faisons de l'univers
Un cadavre infini renaissant sous ses vers,
Et n'y laissons traîner qu'une guenille d'âme,
Afin qu'étant immonde il soit encore infâme !
Croupisse donc cet astre et le monde avec lui !
Il n'est pire destin que l'opprobre et l'ennui ! »

Il parle ainsi, rêvant de son souffle qui rampe,
D'éteindre l'idéal comme on souffle une lampe,

Ajoutant qu'après tout rien ne vaut quelque effort...

Peut-être le dégoût de cet ignoble sort,
Bien que la vie encor fût du chaos absente,
Soulevait-il déjà la dignité naissante,
Car un profond murmure émut soudain tout l'air,
Et tout le ciel brilla d'un glorieux éclair,
Défi des cœurs futurs à l'éternelle honte !

« Mais cette inerte horreur fait-elle bien mon compte?
Poursuit l'Esprit du mal, après avoir songé.
Assouvirai-je ainsi la grande soif que j'ai
D'un sang chaud dont jamais ne tarisse le fleuve,
Et de pleurs dont la source incessamment m'abreuve?
Je veux sentir qu'on souffre, entendre supplier,
Et, devant le martyr tournant un sablier,
Mesurer avec soin le plus long temps que dure
Sur la plus vive chair la plus vive torture.
Oui, je veux allier la rage à la langueur,
Et, loin de les détendre, en les fibres du cœur
Exaspérer la vie afin que je la broie,
Victime plus durable et plus suave proie !
Créons un corps sensible impuissant à mourir,
Et pour ce corps le mal qui fait le plus souffrir ;

Qu'enfin tout l'être en proie à cette douleur seule
Ne soit qu'un bloc de chair sous une énorme meule.
Le pire des destins à coup sûr le voilà ! »

Le terrestre chaos en soupirant trembla,
Comme avant la tempête une mer qui moutonne,
Ou comme un grand feuillage aux haleines d'automne.

« Faire le plus grand mal ! Cet art-là, reprend-il,
Très simple en apparence, est au fond très subtil.
Le tourment sans la mort, est-ce le mal suprême ?
Je découvre, en sondant plus avant le problème,
Qu'il n'est point résolu par mon dernier dessein.
Le calice profond des douleurs est-il plein
Parce que la vendange écarlate y ruisselle ?
Me suffit-il de voir la masse universelle,
Victime impérissable, en criant remuer ?
Non, non ! je veux la joie entière de tuer !
Qu'il meure assez de corps, se dévorant l'un l'autre,
Pour que dans leurs débris à loisir je me vautre,
Et qu'à mon gré repu je sente, plus content,
Des chairs à l'infini renaître sous ma dent,
Au lieu de n'en broyer qu'une et toujours la même !

« Et c'est peu de mourir! il faut surtout qu'on aime.
Créons des cœurs captifs en d'innombrables nœuds;
Qu'à chaque battement s'arrache et saigne en eux
Un lambeau qui les lie à des biens éphémères;
Créons des amoureux, des petits et des mères.
Oh! l'amour, mon chef-d'œuvre, admirable assassin
Que le supplicié choie en son propre sein,
A qui lui-même il dit sans pitié : Recommence!
Qu'il prodigue partout l'espoir dans la semence!
Perpétuant des yeux que trahisse le jour,
Multipliant des cœurs à briser tour à tour!
Créons des fils au crime et des filles aux larmes,
Et faisons de la vie une forêt d'alarmes
Où dans tous les plaisirs s'embusquera la mort.
Mais donnons des répits, car on fait, quand on dort,
Une provision d'aptitude au supplice.
Le sommeil décevant est mon meilleur complice :
Un bourreau de génie inventa le sommeil.
Sur la blessure il pose un perfide appareil
Qui rend à la douleur ses forces, et d'un songe,
Dont la brève minute en siècles se prolonge,
Il peut faire au dormeur un tourment idéal
Où gît dans un instant l'éternité du mal.
Que toujours l'être ignore ou s'il veille ou s'il rêve,

S'il commence ses jours réels ou les achève,
S'il ne va pas, ailleurs, soudain se réveiller
Sur l'implacable roc d'un ancien oreiller.

« Donnons donc aux douleurs un utile intermède ;
Pour mieux nuire, appelons le bien même à notre aide,
Car un sage contraste est l'art des vrais bourreaux.
Laissons luire le ciel à travers les barreaux :
Sous un regard du jour la prison se resserre ;
Pour assombrir les deuils l'azur est nécessaire.
Ma puissance d'ailleurs a son terme fatal :
Que serait-ce, en effet, que l'infini du mal ?
Le néant, puisqu'au fond mal faire c'est détruire.
Tuons, mais par degrés, afin de longtemps nuire ;
Et, puisque par le mal le mal même est frustré,
Combinons savamment un monstre modéré.
Tout corrompre, infliger sans trêve la torture,
C'est trop, ce double excès répugne à la nature ;
Le patient doit vivre ou ne peut plus pâtir :
Or un fumier n'a plus de vie, et nul martyr
N'est viable ; soyons discret, et plus funeste ;
Tempérons la famine et mitigeons la peste,
De peur que les mortels ne soient fauchés d'un coup.
Pour des milliers d'agneaux, que faut-il ? Un seul loup :

Et pour des millions d'esclaves un despote
Qui les mène tuer et qui les numérote.
Parfois même, à propos, évinçons les tyrans,
Et crions : Liberté! Peuples, rompez les rangs;
Aux armes! Et soudain, comme on voit l'eau croupie,
Dont on trouble la bourbe avec ordre assoupie,
Brusquement mélanger ses patients dépôts,
Et, redoublant la nuit qu'amassait son repos,
Noyer ses floraisons avec sa moisissure,
Ainsi l'humanité, sous le calme qu'assure
L'habitude énervante et souple de servir,
Sentira la justice indomptable sévir,
Et mêler brusquement du fond à la surface,
Comme deux sœurs, la lèpre et la fleur de la race.

« Surtout civilisons : que les hommes entre eux
Soient convives forcés sans être généreux;
Qu'avec des faims de bête et des paresses d'ange,
Pauvre, et si mal doué qu'il ait besoin d'échange,
Chacun rôde, envieux, autour du bien d'autrui,
En épiant toujours ce qui n'est pas à lui;
Que l'or, entremetteur de toutes convoitises,
Du génie et du sang fasse des marchandises;
Que d'abord, juste prix des fouilles du mineur,

Il soit bientôt le maître insolent du bonheur,
Et, trahissant des mains vides malgré leurs peines,
Il coure s'amasser sous les mains déjà pleines. »

Il ajoute : « Le fer n'est pas seul meurtrier,
Les meilleurs coups sont ceux qui ne font pas crier :
La calomnie agile et l'insulte, pareilles
A des poignards ailés, tûront par les oreilles.
Mais nous créerons assez d'héroïsme et d'espoir
Pour témoigner d'un ciel, attester un devoir,
Et prouver aux naïfs, par des raisons profondes,
Que tout est pour le mieux dans le pire des mondes !
Voilant des maux réels sous des biens apparents,
Nous ferons le visage et l'homme différents ;
Le spectre harmonieux des couleurs et des lignes
Ornera de splendeur les natures indignes ;
Les vices, trop hideux dans leur simplicité,
Raviront, pour couvrir la monstruosité
Des basses passions et des pensers iniques,
Aux plus saintes vertus leurs sévères tuniques.
Les âmes pêle-mêle aux corps s'accoupleront :
L'impudeur hantera le plus candide front,
Le parjure éclôra des lèvres les plus roses,
Et les yeux les plus clairs seront des portes closes.

Amphore vide offerte à la soif du désir,
Forme qui règne avant de se laisser choisir,
La Beauté, reniant ses promesses divines,
Comme une neige au feu, fondra sur les poitrines.
La Vérité, trop près ou trop loin du regard,
Tantôt comme un soleil, tantôt comme un brouillard,
Éblouira la vue ou l'offusquera d'ombre;
L'infinité du temps, de l'espace et du nombre,
D'une évidence absurde effraîra le cerveau.
Je nouerai la science, ainsi qu'un écheveau
Emmêlé dans les doigts d'une aïeule qui tremble,
Et dont mille marmots tirent les bouts ensemble.
Carrefour encombré d'aveugles sans bâtons,
La liberté sera l'ignorance à tâtons.
Oui, que l'homme choisisse et marche en proie au doute,
Créateur de ses pas et non point de sa route,
Artisan de son crime et non de son penchant,
Coupable, étant mauvais, d'avoir été méchant,
Cause inintelligible et vaine, condamnée
A vouloir pour trahir sa propre destinée,
Et pour qu'ayant créé son but et ses efforts
Ce dieu puisse être indigne et rongé de remords.

« Allons! Mon œuvre ainsi n'est-elle pas complète?

Y laissé-je un plaisir qu'un tourment ne rachète?
Un bonheur sans misère? un bien qui n'ait pas nui,
Source d'un plus grand mal impossible sans lui?
Usure d'une haine économe et savante!
S'il est un pire monde à créer, qu'on l'invente! »

Alors il frémit d'aise, et ne contenant plus
L'impatient élan des fléaux résolus,
Sur la Terre tremblante, à sa guise pétrie,
Il lâche enfin leur meute irrévocable, et crie :
« Je te tiens donc enfin palpitant sous ma loi,
Chaos informe! à l'œuvre! allons, débrouille-toi!
Résous ta triple essence : esprit, force et matière,
En des milliers de corps et d'âmes tout entière!
Et qu'ainsi l'Être épars en fragments très petits
Ménage au dénûment des milliers d'appétits;
Au regret, au remords, des milliers d'allégresses;
Au parjure, à l'oubli, d'innombrables tendresses;
A la déception, d'innombrables espoirs!
Étoiles, scintillez, et vous, yeux bleus ou noirs,
Brillez! Femmes, aimez! Tigresses et colombes,
Pourvoyeuses de chair pour ma faim d'hécatombes,
Minaudez, roucoulez, pâmez-vous d'aise, aimez!
Qu'il suffise pour rendre aux peuples décimés

Tous ceux qu'auront fauchés la peste et les batailles
Du dernier germe au fond des dernières entrailles ! »

La vie à fleur du sol en même temps perçait,
Et ce monde maudit, la Terre, commençait.
La Terre depuis lors accomplit les années,
Marchant à pas constants sous des signes divers,
Renouvelant le cours sans fin des destinées
Selon les jours, les nuits, les printemps, les hivers.
Elle emporte avec l'homme et l'amour et la haine,
Ensemble ou tour à tour et la joie et la peine,
La lyre et les marteaux, et l'or et les sueurs,
Et la paix et la guerre, et le rire et les pleurs;
Combinaison profonde et d'espoir et de crainte,
Et de libre vouloir et de force restreinte,
De loisir, de travail, de gloire, de péril,
De méritoire effort, d'instinct méchant ou vil,
De vertu, de malheur, d'honneur et de martyre!
C'est le mieux combattu sans cesse par le pire.

II

O principe d'amour, de force et d'équité!
Source du pur bonheur et de la dignité,
D'où sort tout être beau comme toute œuvre honnête,
Toi qu'au fond de l'azur, l'homme, en levant la tête,
Salûra Dieu, Génie impalpable du Bien,
Es-tu donc endormi? N'arracheras-tu rien
A l'âpre ambition du Mal qui te défie
Et même, effrontément, à l'aider te convie?

Il n'a pas attendu cet anxieux appel,
Le gardien vigilant de l'ordre universel :
Au berceau de la Terre, et dans le moment même
Où sur elle tombait le sinistre anathème,
Il veillait, agitant quel est le meilleur sort
Dont il pourra doter ce nouveau-né qui dort.
Devant lui l'ombre cède et la matière tremble,
Car il est la pensée et le moteur ensemble,
C'est lui qui va criant : Que la lumière soit!
Et moule toute forme aux types qu'il conçoit.

Il dépose et mûrit la vie en la semence;
Ses invisibles mains tissent la trame immense
Qui par des fils si longs, si forts et si nombreux,
Relie, attire et joint les éléments entre eux,
Qui suspend l'astre à l'astre, enchaîne l'âme à l'âme,
Par des poids mutuels ou des liens de flamme;
C'est lui qui, par degrés, mais d'un pas incessant,
Accomplit l'harmonie en tout monde naissant.
Or, en sa langue intime à nul verbe pareille,
Mais que la voix du luth peut traduire à l'oreille,
Des différents bonheurs il pèse tour à tour
Le plus grand, qui d'abord lui semble fait d'amour :

« Ah! que je puisse enfin, dit-il, selon mon rêve,
Créer un monde heureux, de l'épreuve exempté,
Un monde où le bonheur entièrement s'achève,
Un monde harmonieux d'où jamais ne s'élève
    Qu'un long soupir de volupté!

« Je ferai du chaos, ce solitaire énorme,
Deux âmes en deux corps distincts pour s'embrasser,
Et que je vêtirai d'une adorable forme
D'où naisse un pur désir qui jamais ne s'endorme,
    Et se comble sans se lasser.

« Je veux que tout en eux diffère et se ressemble,
L'un pour l'autre nouveaux, l'un par l'autre complets,
Afin que, s'admirant tous les deux, il leur semble
De leurs êtres fondus n'en former qu'un ensemble,
    Beaux de leurs mutuels reflets.

« Ils existeront seuls, couple tout à soi-même,
Pour que nul ne puisse être infidèle ou jaloux,
Afin que l'un à l'autre ils soient le bien suprême,
Afin que l'être aimé soit de l'être qu'il aime
    Le générateur et l'époux.

« Et je veux que ce couple, alors qu'il se procrée,
Échange dans l'extase un effluve divin,
Qu'habitant immortel d'un sublime empyrée
Il ait pour ambroisie une fleur respirée
    Et pour vie un baiser sans fin. »

Partout, des profondeurs du ténébreux mélange,
Comme s'il y germait une allégresse étrange,
Pour saluer ce vœu, sort un écho léger.
Les brusques ouragans semblent soudain changer
Leur crinière farouche en des fibres de lyre,
Et l'Océan qui fume ébauche un grand sourire.

Que rêver de plus doux qu'un avenir pareil :
La Terre s'embrasant comme un vivant soleil,
Où, dans un plein contact, un double cœur de flamme
Rayonne et d'une ivresse immortelle se pâme ?
Pourtant, près de toucher le monde qu'il douait,
L'Esprit du bien balance. Il suspend son souhait :

« L'amour n'est, reprend-il, qu'une adorable entrave
Où le beau savouré n'est qu'un songe suave.
S'il est bon de sentir, meilleur est de pouvoir.
Oui, le couple est heureux de deux corps qui s'attirent
Pour fondre lentement deux âmes qui s'admirent,
Mais la possession suprême est de savoir !

« Je ne veux qu'un seul être en face d'un problème
Qui se pose et résolve incessamment soi-même ;
Un artiste goûtant le vrai sous des contours ;
Qui, sans le moindre effort, créant tout par miracles,
Se plaise à voir surgir et tomber les obstacles
Comme une mer s'élève et s'aplanit toujours.

« Seul, assis au milieu des choses passagères,
Il verra circuler autour de lui les sphères,
Maître et contemplateur de leurs précises lois,

Comme un adroit jongleur fait alterner les balles,
La main toujours présente à leurs chutes égales,
Et l'œil toujours fixé sur toutes à la fois.

« Il verra découler des plus riches essences
Le flot limpide et sûr des belles conséquences ;
Le regard immobile et le bras arrêté,
Dégageant sans fatigue une force éternelle,
Et tenant sans vertige ouverte sa prunelle
Sur la forme accomplie et sur la vérité.

« Quel plaisir comparable à l'orgueil de connaître,
De suivre à l'infini dans la trame de l'être
Le long fil de la cause enchaînant les effets !
Et quelle plus sublime et pure jouissance,
Que, voyant l'idéal, d'exercer la puissance
Pour le goûter réel en des œuvres parfaits ! »

Il parle, et l'on croirait que déjà se dégage,
Au rythme impérieux de son grave langage,
Une forme expressive enveloppée encor,
Où d'un esprit naissant palpiterait l'essor ;
L'abîme se recueille, et le globe en silence
Sur un axe invisible hésite et se balance,

Comme s'il assurait ses pôles mal assis,
Et sentait en ses flancs sourdre l'ordre indécis.

« Mais n'est-il pas encore un destin plus auguste?
Un monde est-il parfait où ne vit pas un juste?
Est-il tout à fait beau sans héros ni martyr?
Je rêve, par delà posséder et sentir,
Un état plus sublime, et crois meilleur encore
Qu'un loisir doux à l'âme un labeur qui l'honore!
Je veux que l'habitant de ce nouveau séjour
Rehausse en lui les dons de puissance et d'amour
Par une conquérante et généreuse vie,
Où le vouloir travaille et le cœur sacrifie. »

Ainsi l'Esprit du bien, bornant ses premiers vœux,
En forme un plus parfait qui les contient tous deux :

  « Ni la toute-puissance même,
  Ni même l'absolu savoir
  Ne confèrent le bien suprême.
  L'être, dit-il, qui peut s'asseoir
  Parmi le tumulte des choses,
  Seul exempt des métamorphoses,
  Dans un repos supérieur,
  Pour si grand qu'il puisse paraître,

S'il n'attend rien, ne saurait être
Le plus heureux ni le meilleur !

« Qu'il achète à l'étude austère
L'orgueil des secrets pénétrés ;
Que d'abord tout lui soit mystère,
Pour qu'il sente en lui par degrés
Le jour de l'évidence éclore,
Poindre et blanchir comme une aurore,
Puis l'envahir et l'inonder,
Et du doute où le cœur naufrage
Surgir, comme un roc de l'orage,
Une foi stable pour fonder.

« Qu'emprisonné l'esprit s'évade
Pour goûter l'affranchissement ;
Que, pour jouir de l'escalade,
D'âge en âge indéfiniment
Il monte d'étoile en étoile ;
La vérité toujours sans voile,
Comme un ciel jamais obscurci,
Lui serait morne et monotone ;
Qu'il découvre pour qu'il s'étonne,
Et qu'il puisse admirer aussi !

« Permettons aussi que tout passe
Pour rendre à tout la nouveauté,
Et songeons qu'il n'est point de grâce
S'il n'est de fragile beauté.
L'œil, s'il voit toujours la lumière,
N'en sent plus la douceur première :
Pour qu'il en puisse mieux jouir,
Souffrons qu'un peu d'ombre l'offense.
Souffrons que l'être ait une enfance
Pour qu'il se puisse épanouir !

« De l'amour même les délices
Qu'aux lèvres jointes je promets
Ne seront que de chers supplices
S'ils ne sont mérités jamais.
L'âme au fond des douceurs exquises
Qu'elle goûte et n'a pas conquises
Sent la volupté la trahir ;
Une aise plus pure et plus grande
La remplit quand elle commande ;
L'Amour ne la fait qu'obéir.

« Son ivresse obscure est un spasme
Fait d'épuisement et d'oubli,

Non le lucide enthousiasme
Qui naît du vouloir accompli.
A la fièvre dont il embrase
Combien préférable est l'extase
D'un bonheur auquel fut donné
Le droit pour frontière précise,
La conscience pour assise,
Pour faîte l'effort couronné !

« L'amour, impatient caprice,
Ne cherche que soi dans autrui,
Et sa caresse adulatrice
En mendie une autre de lui ;
Laissons au monde un juste naître
Qui, de soi-même restant maître
Et sachant donner sans retours,
Jusques à mourir s'aventure
Pour servir la race future,
Dût-elle l'ignorer toujours !

« O toi, grande calomniée,
O source de toute valeur,
Toujours maudite ou reniée,
Toujours méconnue, ô douleur !

Demeure, en dépit du blasphème,
Car n'es-tu pas l'essence même
Des insatiables désirs ?
N'est-ce pas toi qui les attises,
O foyer de nos convoitises !
Que seraient sans toi nos plaisirs ?

« Douleur, sans ton ancre de flamme,
Que seraient l'espoir et la foi ?
Que seraient la tendresse d'âme
Et l'héroïsme altier sans toi ?
Non, le meilleur être possible
N'est pas un lutteur invincible,
Un amant au bonheur fatal !
C'est un ignorant qui découvre,
Un captif à qui le ciel s'ouvre,
Un pèlerin de l'idéal !

« Créons le monde le plus digne ;
Sous le joug accepté des lois,
Permettons à son hôte insigne
Le sublime péril du choix.
Ah ! que pour triompher il ose !
Qu'il soit libre pour être cause !

Qu'il sente parler en son cœur
Sa louange ou sa flétrissure,
Et qu'il saigne, si la blessure
Atteste le devoir vainqueur !

« Qu'en d'innombrables mains circule
Le clair flambeau des vérités,
Et que le bonheur s'accumule
Accru des trésors hérités !
Soyons prodigue de la vie,
Et que la mort la multiplie
Par un retour perpétuel
Du froid sépulcre à la lumière,
Comme un jet d'eau tombe en poussière
Pour rejaillir du marbre au ciel ! »

Le terrestre chaos tressaillait en silence,
Comme un cheval qui sent que la course commence
Et cesse de hennir, et d'un ardent regard
Épie en frémissant les signaux du départ.

Voici l'heure ! debout les races !
Sur ce bloc aux multiples faces
Étendez vos rameaux vivaces,
Couvrez-le de féconds travaux !

Debout les corps toujours nouveaux,
Agités d'âmes toujours neuves !
Livrez-vous au torrent des ans...
Et vous, ennemis bienfaisants,
Fléaux sacrés, saintes épreuves,
Ruez-vous sur l'homme à l'envi,
Vous ennoblirez son histoire !
Il vous porte un vaillant défi,
Car vos assauts feront sa gloire !

La vie à fleur du sol en même temps perçait
Et le monde béni, la Terre, commençait.

La Terre, depuis lors, accomplit ses années,
Marchant à pas constants sous des signes divers,
Selon les jours, les nuits, les printemps, les hivers,
Renouvelant le cours sans fin des destinées.
Elle emporte avec l'homme et la haine et l'amour,
Et la peine et la joie ensemble ou tour à tour,
Et les sueurs et l'or, les marteaux et la lyre,
Et la guerre et la paix, et les pleurs et le rire ;
Combinaison profonde et de crainte et d'espoir,
Et de force restreinte et de libre vouloir,
De travail, de loisir, de péril et de gloire,

D'instinct méchant ou vil et d'effort méritoire,
De martyre et d'honneur, de malheur, de vertu,
Le pire par le mieux sans cesse combattu.

III

Telle est donc la fortune infaillible des astres!
Terre, étoiles, soleil, tous en témoigneront :
Pour les prospérités il y faut des désastres,
Et la vie et la mort y travaillent de front;

Car le Bien et le Mal se prescrivent l'un l'autre.
Qu'on rêve le meilleur ou le pire univers,
Tous deux, en vérité, n'en font qu'un, c'est le nôtre,
Contemplé tour à tour par l'endroit ou l'envers.

Notre regard chétif, jouet de l'apparence,
Par ses courts horizons se laisse décevoir,
Mais des biens et des maux la vaine différence
S'effacera pour lui s'il doit un jour tout voir,

Contre les anciens dieux l'âme humaine aguerrie
N'attend certes plus d'eux ni fléaux ni bienfaits,
Mais n'est-ce pas un reste obscur d'idolâtrie
De maudire ou bénir des sorts bons ou mauvais ?

Les deux contraires voix qui partout se répondent
Trouvent leur unisson. Muse, entends s'élever
Du fond des choses l'hymne où ces voix se confondent,
Écoute la Nature et cesse de rêver !

La Nature nous dit : « Je suis la Raison même,
Et je ferme l'oreille aux souhaits insensés;
L'univers, sachez-le, qu'on l'exècre ou qu'on l'aime,
Cache un accord profond des destins balancés.

« Il poursuit une fin que son passé renferme,
Qui recule toujours sans lui jamais faillir;
N'ayant pas d'origine et n'ayant pas de terme,
Il n'a pas été jeune et ne peut pas vieillir.

« Il s'accomplit tout seul, artiste, œuvre et modèle ;
Ni petit, ni mauvais, il n'est ni grand, ni bon,
Car sa taille n'a pas de mesure hors d'elle,
Et sa nécessité ne comporte aucun don.

« L'équilibre des lois, la constance des causes
Lui confèrent un ordre invulnérable au temps,
Et rien ne change en lui que la forme des choses
Qui seules ont des jours comptés et militants.

« Son existence égale et suprême est la somme
De tous les accidents de naissance et de mort ;
Elle échappe à l'esprit comme au regard de l'homme,
Qui s'en forge une image avec son propre sort.

« Mon ample quiétude, il ne la peut comprendre,
L'homme anxieux pour qui vivre c'est s'agiter !
Quel hommage assorti trouve-t-il à me rendre ?
Lui qui ne sait que plaindre et que féliciter !

« Je n'accepte de toi ni vœux ni sacrifices,
Homme, n'insulte pas mes lois d'une oraison ;
N'attends de mes décrets ni faveurs, ni caprices ;
Place ta confiance en ma seule raison ! »

Ainsi, plane éternel l'hymne de la Nature
Sur l'éphémère bruit des souhaits discordants ;
Et le sage, invincible au destin qu'il endure,
Répond à cette voix qui lui parle au dedans :

« Oui, Nature, ici-bas mon appui, mon asile,
C'est ta fixe raison qui met tout en son lieu ;
J'y crois, et nul croyant plus ferme et plus docile
Ne s'étendit jamais sous le char de son dieu.

« Fais-moi crier longtemps, fais-moi crier encore,
S'il te faut ces cris-là pour ébranler aux cieux
Quelque rayon vibrant d'une étoile sonore
Dans un chœur sidéral invisible à mes yeux ;

« Pour nourrir une fleur, de tout mon sang dispose,
Si quelque fleur au monde aspire un suc pareil ;
Tu peux tuer un homme au profit d'une rose,
Toi qui, pour créer l'homme, éteignis un soleil.

« Mille êtres par leur mort m'alimentent moi-même.
L'eau même que je pleure est faite à leurs dépens ;
Nature, c'est pourquoi j'approuve, sans blasphème,
L'emploi mystérieux des pleurs que je répands.

« Ignorant tes motifs, nous jugeons par les nôtres :
Qui nous épargne est juste, et nous nuit criminel.
Pour toi, qui fais servir chaque être à tous les autres,
Rien n'est bon, ni mauvais, tout est rationnel !

« Eh bien ! j'imiterai ta sagesse sacrée,
Et puisque tes arrêts, pour moi respectueux,
M'ont laissé le vouloir qui choisit et qui crée,
Je veux que mon effort se concerte avec eux :

« Arrêtant mes désirs sur leur fougueuse pente,
J'écouterai parler de tes intimes voix
La plus impérative et non la plus ardente,
Pour démêler ma règle entre toutes tes lois;

« Ne mesurant jamais sur ma fortune infime
Ni le bien, ni le mal, dans mon étroit sentier
J'irai calme, et je voue, atome dans l'abîme,
Mon humble part de force à ton chef-d'œuvre entier. »

LE ZÉNITH

LE ZÉNITH

AUX VICTIMES
DE L'ASCENSION DU BALLON LE ZÉNITH

I

Saturne, Jupiter, Vénus, n'ont plus de prêtres.
L'homme a donné les noms de tous ses anciens maîtres
A des astres qu'il pèse et qu'il a découverts,
Et des dieux le dernier dont le culte demeure,
A son tour menacé, tremble que tout à l'heure
Son nom ne serve plus qu'à nommer l'univers.

Les paradis s'en vont; dans l'immuable espace
Le vrai monde élargi les pousse ou les dépasse
Nous avons arraché sa barre à l'horizon,

Résolu d'un regard l'empyrée en poussières,
Et chassé le troupeau des idoles grossières
Sous le grand fouet d'éclairs que brandit la Raison.

Nous savons que le mur de la prison recule,
Que le pied peut franchir les colonnes d'Hercule,
Mais qu'en les franchissant il y revient bientôt ;
Que la mer s'arrondit sous la course des voiles ;
Qu'en trouant les enfers on revoit des étoiles ;
Qu'en l'univers tout tombe, et qu'ainsi rien n'est haut.

Nous savons que la terre est sans piliers ni dôme,
Que l'infini l'égale au plus chétif atome ;
Que l'espace est un vide ouvert de tous côtés,
Abîme où l'on surgit sans voir par où l'on entre,
Dont nous fuit la limite et dont nous suit le centre,
Habitacle de tout, sans laideurs ni beautés ;

Que l'homme, fier néant, n'est qu'un des parasites
D'une sphère oubliée entre les plus petites,
Parasite à son tour des crins d'or du soleil ;
Qu'à peine pesons-nous aux balances du gouffre,
Et que le plus haut cri de notre chair qui souffre
S'y perd comme un vain songe au fond d'un noir sommeil.

Eh bien ! quoique l'azur ait déçu nos sondages,
Nous lui rendons encore un vieux reste d'hommages ;
Nous n'espérons jamais sans y lever les yeux.
D'où nous vient ce penchant à redresser la tête,
Ce geste, cher à l'homme, inutile à la bête,
Involontaire appel de la pensée aux cieux ?

Est-ce de la foi morte un importun vestige ?
Est-ce un pli séculaire et que rien ne corrige,
Par la race hérité des pâtres d'Orient ?
Est-ce un natif instinct propre à l'humain génie ?
Ou n'est-ce qu'un hasard, la fortuite harmonie
D'un souriant désir et d'un bleu souriant ?

Cet accord est profond, quelle qu'en soit la cause :
Dès que l'humanité fut au soleil éclose,
Elle a comme un calice ouvert au ciel son cœur ;
Et, comme on voit planer un encens qui s'exhale,
Depuis lors, où bleuit la voûte colossale,
Plane son grand espoir, de sa raison vainqueur.

Et tant qu'on redira l'audace et l'infortune
Des premiers qu'a punis la divine rancune
Pour être allés ravir à ses sources le feu,

Les mortels frémiront d'épouvante et d'envie
A voir quelqu'un des leurs aventurer la vie
Jusqu'aux bornes de l'air, au pays de leur vœu;

Comme s'ils sentaient là leur chaîne qui s'allège,
Et que ce fût encore un bonheur sacrilège;
Comme si Prométhée, après des milliers d'ans,
Pour nous encore aux dieux volant des étincelles,
Achevait aujourd'hui par l'osier des nacelles
L'attentat commencé par les rocs des Titans !

II

Élevez-vous, montez, sublimes Argonautes !
Au-dessus de la neige, à des blancheurs plus hautes,
Aussi loin que se creuse à l'atmosphère un lieu !
Où monte le souci du front des astronomes,
Où monte le soupir du cœur des plus grands hommes,
Plus haut que nos saluts, plus loin que notre adieu !

Les câbles sont rompus : tout à coup seul et libre,
Le ballon qui poursuit son fuyant équilibre
S'engouffre, par l'espace aussitôt dévoré.
Dans un emportement qui ressemble à la joie,
Plus prompt que le faucon sur l'invisible proie,
Il s'élance, en glissant, vers son but ignoré.

Où vont ceux que ravit l'impétueuse allure
De cette étrange nef pendue à sa voilure,
Sans gouvernail ni proue, en une mer sans bord?
Au gré de tous les vents, traînés à la dérive,
Ne songent-ils qu'à tendre où nul vivant n'arrive,
Navigateurs lancés pour n'atteindre aucun port?

La foule ardente et fruste où survit Encelade
Dans leur ascension n'aime que l'escalade,
Les admire en tremblant et ne les comprend pas :
« S'ils ne sont point partis pour mordre à l'ambroisie,
Et voir en son entier la nature éclaircie,
Quel but, dit-elle, atteint ce formidable pas?

« S'ils ne sont point partis pour la cime des choses
Pour y voir frissonner la première des causes,
Et ce frisson courir au dernier des effets,

Pour aller jusqu'à Dieu lire dans ses yeux mêmes
Le mot de la justice et du bonheur suprêmes,
Quels profits leur courage étrange aura-t-il faits? »

Ils répondent : « La cause et la fin sont dans l'ombre;
Rien n'est sûr que le poids, la figure et le nombre,
Nous allons conquérir un chiffre seulement;
Ils sont loin les songeurs de Milet et d'Élée
Qui, pour vaincre en un jour tout l'inconnu d'emblée,
Tentaient sur l'univers un fol embrassement !

Nous ne nous flattons plus, comme ces vieux athlètes,
De forcer, sans flambeau, les ténèbres complètes,
Pour saisir à tâtons ce monstre corps à corps;
Il nous suffit, à nous, devant le sphinx énorme,
D'éclairer prudemment de point en point sa forme,
Et d'en lier les traits par de justes raccords.

Ils sont loin les rêveurs subtils d'Alexandrie,
Et ceux qui reniaient la terre pour patrie !
Nous ne nous flattons plus de la fuir, aujourd'hui :
A quelque évasion que l'air pur nous invite,
L'air même est notre geôle; avec nous il gravite,
Il est terrestre encore, et tout l'azur c'est lui !

Mais la terre suffit à soutenir la base
D'un triangle où l'algèbre a dépassé l'extase ;
L'astronomie atteint où ne ment plus l'azur :
Sous des plafonds fuyants chasseresse d'étoiles
Elle tisse, Arachné de l'infini, ses toiles,
Et suit de monde en monde un fil sublime et sûr.

Montés pour redescendre avec la même charge,
Nos corps lourds n'auront pu que faire un pas plus large,
Un orbe un peu plus haut sur le sol en rampant,
Mais nous aurons du moins goûté la certitude,
Ce qu'en vain demandaient les pères de l'étude
A leurs fronts isolés qu'ils s'en allaient frappant.

Et peut-être plus tard, si la pensée humaine
Touche au fond du mystère en tirant sur sa chaîne,
Le chiffre sans éclat qu'au ciel nous aurons lu,
Longtemps enseveli comme une valeur nulle,
Doit surgir glorieux dans l'unique formule
D'où le problème entier sortira résolu ! »

III

Ils montent! le ballon, qui pour nous diminue,
Fait pour eux s'effacer les contours de la nue,
S'abîmer la campagne, et l'horizon surgir
Grandissant... comme on voit, sur une mer bien lisse,
Que du bout de son aile une mouette plisse,
Autour du point troublé les rides s'élargir.

Les plaines, les forêts, les fleuves se déroulent,
Les monts humiliés en s'allongeant s'écroulent.
Le cœur semble se faire, à la merci des cieux,
Un berceau du péril dont pourtant il frissonne,
Et regarde sombrer tout ce qui l'emprisonne
Avec un abandon grave et délicieux...

Ils montent, épiant l'échelle où se mesure
L'audace du voyage au déclin du mercure,
Par la fuite du lest au ciel précipités;

Et cette cendre éparse, un moment radieuse,
Retourne se mêler à la poudre odieuse
De nos chemins étroits que leurs pieds ont quittés.

Depuis que la pensée, affranchissant la brute,
A découvert l'essor dans les lois de la chute,
Et su déraciner les pieds humains du sol,
L'homme a hanté des airs que nul oiseau n'explore,
Mais il n'avait jamais osé donner encore
Une aussi téméraire envergure à son vol !

Pourtant ils n'ont pas peur. La vérité suscite
Au plus timide front que son amour visite
Une sereine audace à l'épreuve de tout ;
Immuable elle inspire à ses amants sa force,
Et, quand de ses beaux yeux on a suivi l'amorce,
Affamé de l'atteindre, on vit et meurt debout.

Ils goûtent du désert l'horreur libératrice.
Mais, si vite arrachée à sa ferme nourrice,
La chair tressaille en eux par un instinct d'enfant ;
Serrant l'osier qui craque et n'osant lâcher prise,
Il semble qu'elle étreigne un lien qui se brise
Et pressente qu'en haut plus rien ne la défend.

Plus rien ne la défend, car elle n'est pas née
Pour une vagabonde et large destinée :
Il lui faut une assise, une borne, un chemin,
La tiédeur des vallons, et des toits l'ombre chère ;
Où la pensée aspire elle est une étrangère ;
Il lui faut l'horizon tout proche de la main.

Surtout il lui faut l'air ! L'air bientôt lui fait faute.
Alors s'élève entre elle et son invisible hôte,
Le génie aux destins de son argile uni,
L'éternelle dispute, agonie incessante :
La chair, au sol vouée, implore la descente,
L'esprit ailé lui crie un *sursum* infini...

Maître, dit-elle, assez ! mon angoisse m'accable...
— Plus haut ! lui répond-il. — Et d'un long flot de sable
L'équipage allégé se rue au ciel profond.
— O maître, quel tourment ta volonté m'inflige !
Je succombe. — Plus haut ! — Pitié ! — Plus haut, te dis-je.
Et le sable épanché provoque un nouveau bond.

— Grâce, mon sang déborde et je n'ai plus d'haleine.
— Plus haut ! — Arrêtons-nous ; maître, je vis à peine...
— Monte. — Oh ! cruel, encor ? — Monte ! esclave. —
[Encore ? — Oui.

Mais épuisée enfin la chair plie et s'affaisse,
Et comme un feu sacré dont se meurt la prêtresse,
L'esprit abandonné s'abat évanoui. .

IV

L'esquif, indifférent au fardeau qu'il balance,
Poursuit alors son vol dans un entier silence,
Désemparé du cœur et du génie humains,
Tandis qu'en bas s'agite une oublieuse foule,
Dont la moitié s'enivre, et l'autre moitié roule
Le rocher de Sisyphe où s'écorchent ses mains.

O fortune de l'homme! ou jouïr sans noblesse,
Ou, noble, ne tenter qu'un essor qui le blesse!
Ou rire sans grandeur, ou grandir et pleurer!
S'il embrasse la terre, il abêtit sa joie,
S'il la chasse du pied, l'abîme l'y renvoie,
Il n'en peut pas sortir et n'y peut demeurer!

Car ni les fleurs d'un jour, ni les fruits qui se tachent,
Ni les amours qu'on pleure ou qu'on trahit n'attachent
Tous ceux que l'idéal caresse et mord au front ;
Et s'ils veulent bondir au bleu qui les fascine,
Ils sont si rudement tirés par la racine
Que beaucoup en sont morts, et combien en mourront !

Et c'est pourquoi ceux-là, ceux que l'infini hante,
Et qui sont bien vraiment l'humanité souffrante
Si l'on souffre le plus par le plus grand désir,
Sentiront fuir toujours leur cœur et leur pensée
Avec cette nacelle éperdument lancée,
Et, devant sa détresse, un frisson les saisir.

V

Un seul s'est réveillé de ce funèbre somme,
Les deux autres... ô vous, qu'un plus digne vous nomme,
Qu'un plus proche de vous dise qui vous étiez !

Moi, je salue en vous le genre humain qui monte,
Indomptable vaincu des cimes qu'il affronte,
Roi d'un astre, et pourtant jaloux des cieux entiers!

L'espérance a volé sur vos sublimes traces,
Enfants perdus, lancés en éclaireurs des races
Dans l'air supérieur, à nos songes trop cher,
Vous de qui la poitrine obstinément fidèle,
Défiant l'inconnu d'un immense coup d'aile,
Brava jusqu'à la mort l'irrespirable éther!

Mais quelle mort! la chair, misérable martyre,
Retourne par son poids où la cendre l'attire,
Vos corps sont revenus demander des linceuls;
Vous les avez jetés, dernier lest, à la terre,
Et, laissant retomber le voile du mystère,
Vous avez achevé l'ascension tout seuls!

Pensée, amour, vouloir, tout ce qu'on nomme l'âme,
Toute la part de vous que l'infini réclame,
Plane encor, sans figure, anéanti? non pas!
Tel un vol de ramiers que son pays rappelle
Part, s'enfonce et s'efface en la plaine éternelle,
Mais n'y devient néant que pour les yeux d'en bas.

Mourir où les regards d'âge en âge s'élèvent,
Où tendent tous les fronts qui pensent et qui rêvent !
Où se règlent les temps graver son souvenir !
Fonder au ciel sa gloire, et dans le grain qu'on sème
Sur terre propager le plus pur de soi-même,
C'est peut-être expirer, mais ce n'est pas finir :

Non ! de sa vie à tous léguer l'œuvre et l'exemple,
C'est la revivre en eux plus profonde et plus ample,
C'est durer dans l'espèce en tout temps, en tout lieu,
C'est finir d'exister dans l'air où l'heure sonne
Sous le fantôme étroit qui borne la personne,
Mais pour commencer d'être à la façon d'un dieu !

L'éternité du sage est dans les lois qu'il trouve ;
Le délice éternel que le poëte éprouve,
C'est un soir de durée au cœur des amoureux !
Car l'immortalité, l'âme de ceux qu'on aime,
C'est l'essence du bien, du beau, du vrai, Dieu même,
Et ceux-là seuls sont morts qui n'ont rien laissé d'eux.

O victimes, plus d'un peut-être vous jalouse,
Qui, de peur de languir et que l'oubli ne couse
Sur son œuvre tardive un suaire étouffant,

Laisserait bien trancher sa destinée obscure
D'un pareil coup de faux, dont l'éclair transfigure
L'ombre d'un front sans gloire en nimbe triomphant !

Aux antiques rameaux, toujours verts, du Lycée,
Les générations, espoir de la pensée,
Rediront que pour elle on vous a vus périr :
Tous les cœurs de vingt ans, qui dédaignent la vie
Et dont la soif d'honneur n'est jamais assouvie,
Verront, en songe, au ciel votre tombeau fleurir.

Les antiques héros admireraient notre âge
Pour le nouvel emploi qu'on y fait du courage,
Et nous leur citerions le vôtre avec orgueil.
Mais l'orgueil consterné devant la mort s'efface,
Pardonnez au premier que votre belle audace
Et l'amour de l'azur arrachèrent au deuil.

· TABLE

LES VAINES TENDRESSES

Pages.

Aux amis inconnus............	3
Prière.....................	6
Conseil....................	8
Au bord de l'eau..............	11
En voyage...................	13
Sonnet.....................	18
Enfantillage.................	19
Aux Tuileries................	23
Fort en thème................	25
L'Amour maternel.............	28
L'Épousée...................	31
Distraction..................	33
Invitation à la valse...........	35

	Pages.
Ce qui dure	36
Le Nom	38
Peur d'avare	41
Un Rendez-vous	46
L'Obstacle	52
La Coupe	55
Silence	56
Parfums anciens	57
L'Étoile au cœur	61
Les Infidèles	63
Douceur d'avril	64
Pèlerinages	66
Sur un Album	68
Juin	70
La Beauté	71
L'Art et l'Amour	75
La Volupté	77
Évolution	78
Les Deux Chutes	80
L'Indifférence	81
L'Art trahi	82
Souhait	83
Trop tard	84
Les Amours terrestres	85
Éclaircie	86
L'Étranger	88
Une Larme	89
La Vertu	91

	Pages.
Le Lit de Procuste	95
Le Temps perdu	96
Les Fils	97
Le Conscrit	98
L'Automne	102
Abdication	103
Vœu	108
Au jour le jour	112
Le Rire	116
Le Vase et l'Oiseau	120
L'Alphabet	124
Sur la Mort	126
Défaillance et Scrupule	135
Sursum corda	140
A l'Océan	144
A Ronsard	145
A Théophile Gautier	146
Aux Poètes futurs	147
LA FRANCE	151
LA RÉVOLTE DES FLEURS	165

POÉSIES DIVERSES

Le Point du jour	187
Adieux de Mme Arnould-Plessy a la Comédie-Française	190

	Pages.
A Ernesto Rossi	192
A propos de la comédie de M. E. Gondinet : Les Grandes Demoiselles	193
La Charité	196
Sur six Médaillons du statuaire H. Chapu	197
La Nature et la Tradition	200
Les Funérailles de M. Thiers	201
Les Caffieri	205
Sonnet	206
Le Fleuve et la Rue	207
L'Attrait de la tombe	209
Métamorphoses	211
LES DESTINS	215
LE ZÉNITH	248

IMPRIMÉ PAR CH. UNSINGER

POUR

ALPHONSE LEMERRE, ÉDITEUR

A PARIS

www.ingramcontent.com/pod-product-compliance
Lightning Source LLC
Chambersburg PA
CBHW060228190426
43200CB00040B/1667